社情民意信息
写作与传播

管国忠◎编著

文匯出版社

图书在版编目(CIP)数据

社情民意信息写作与传播 / 管国忠编著.—上海：文汇出版社,2023.7
ISBN 978 - 7 - 5496 - 4078 - 2

Ⅰ.①社… Ⅱ.①管… Ⅲ.①民意测验—社会调查—应用文—写作 Ⅳ.①C91 - 03

中国国家版本馆 CIP 数据核字(2023)第 119438 号

社情民意信息写作与传播

编　　著 / 管国忠

责任编辑 / 甘　棠
封面装帧 / 薛　冰

出版发行 / 文匯出版社
　　　　　　上海市威海路 755 号
　　　　　　(邮政编码 200041)
经　　销 / 全国新华书店
排　　版 / 南京展望文化发展有限公司
印刷装订 / 上海颛辉印刷厂有限公司
版　　次 / 2023 年 7 月第 1 版
印　　次 / 2023 年 7 月第 1 次印刷
开　　本 / 710×1000　1/16
字　　数 / 200 千字
印　　张 / 13.25
印　　数 / 1—5000

ISBN 978 - 7 - 5496 - 4078 - 2
定　　价 / 68.00 元

社情民意信息写作与传播

策划： 倪闽景

顾问： 胡　卫　黄山明　何少华　姜其和　叶　青
蒋碧艳　季国进　余　岚　干建达　康　琳
桑奔晨　常生龙　沈维藩　邹海伟　屠　杰
江　蕾　樊汉彬　王　杰　王　昀　汪耀华
杨柏伟　马尚龙　江孝渔　王佩军　郑晓方
金江波　蔡永洁　嵇开明　程　浩　叶开江
李　萍　许伟国　王　霆　陈　剑　嵇　炯
顾敏霞　程　佳　杜宇琼　张益懿　沈琦华
陈小艺　陈　凯　沈文昊　陈　辰　周　蓉
郭涵芳　顾连兵　盛纪平　姜永坤　丁壬淇
李　毅　张建良　周　彪　夏　平　韩　轶

代序

从一个历史故事说怎样了解民情

邓伟志

正在举行的中共二十大会议反复强调"了解民情"。这是十分必要的,也是符合民意的。笔者先从一个1941年在陕甘宁边区发生的一个故事说起。

在学习党史的时候,大家都学过从1941年开始的、具有历史意义的大生产运动,不少人还会唱"南泥湾……""大生产运动"是怎么提出来的呢?因素很多,其中一个是农民骂出来的。1941年6月3日,打雷劈死了延长县的代县长李彩云。事情传出去以后,有位农民说:"为什么打雷没有劈毛主席?!"据习仲勋叙述:"这话传到毛主席耳里,毛主席并没有叫人去追查骂自己的人,更没有去抓什么'反革命',而是向干部了解'骂'的原因。原来,边区政府下达的征粮任务重,群众有意见,便借'劈雷'一事,发泄不满。毛主席知道原委后,指示有关部门将征收公粮任务从二十万担(每担三百斤)减至十六万担。这件事的处理,使党群关系更加亲近,毛主席在群众中的威信更加提高。此后,毛主席还经常拿这件事教育干部要关心群众生产。"(《习仲勋文集》上册,中共党史出版社2013年版,第435页)这就是变骂声为警示的著名故事。"知道原委"是调查得到的民情。对此,1945年毛主席又进一步引申出一个很深刻的道理:"小广播就不同,这需要搜集并加以分析。其中有许多是闲话,是没有恶意的;有许多是错误的,但也不一定是恶意的;至于有恶意的也要听,因为只有听了才能发现它的恶意。总之,有则改之,无则加勉,把各种闲话都引到自己的责任上来,这就卸下一个大包袱,不至于多生气。一九四一年边区老百姓中有人说雷公咋不打死毛泽东,这就引起我的警觉,分析原因,发现是征粮太重了,于是就发展大生产运动。党校去年有人说我是官僚主义,这也使我下决心到党校去多接近一些人。"(《对〈关于若干历史问题的决议〉草案的说明》(1945年4月20日),《毛泽东文集》第三卷,人民出版社1996年版,第284—285页)

80年前的故事对今天我们如何贯彻二十大精神,仍然是有现实作用的。这里必须再讨论一下如何深入"了解民情"的问题。

农村的民情在山沟里,在草原上;城市的民情在弄堂里,在马路边的小摊上。因此,要"了解民情"走红地毯是到不了的,必须移步走进山沟和弄堂。到那里抬头一看,张口一问,就能把民情了解个七八分。不过,到了下面不宜把领带拉到肚脐眼下头,不可把那双细皮薄肉而又光滑的双手插在裤子口袋里。1960年笔者在农村参加"反五风"(*共产风、浮夸风、干部特殊风、强迫命令风、生产瞎指挥风*)时,学过一个文件,说的是湖北省一位县委书记带着秘书下乡,走在秧田边。正在插秧的农民老大妈见秘书大摇大摆,挺胸突肚,砥砺前行,说:"哪里来的大少爷?当心踩坏了我们的田埂!"秘书听了很不高兴,立即质问:"你骂谁?"老大妈马上回答:"我骂你!"县委书记大步跨上去,拍着秘书的肩膀说:"骂得对!"

与此同时,笔者读到过一篇受毛主席批示赞扬的文章《对调查研究的调查研究》,讲到"八多八少",记得有一条,批评有些领导"手插在裤子口袋里的多,一起动手劳动的少"。于是在60年代初,"手插在裤子口袋里"很快成了批评的流行语。这段故事告诉我们:调查还有个调查作风的问题。调查作风好,民情了解的多且真。1958年我作为大学生列席全国青年工人代表会议。会上,听到鞍钢炼铁厂副厂长、著名劳模老孟泰的讲话,至今记忆犹新。他说:遇到艰苦的工作,光喊"上呀!快上呀"不行。喊十遍快上不如我亲自先上。我老头子一上,不喊大家也跟着上了。这段话也告诉我们,言教不如身教。当领导的要以身作则。只有与群众同甘共苦,才能听到群众的真话,了解群众的真情。比如疫情肆虐期间的做核酸,如果不搞等级差别,取消有的上门做,有的排队做,做到同"核"共"酸",不仅有助于在排队时了解民意,而且还会大有益于缓解民情。

大家说,是不是?

2022 年 10 月 13 日深夜定稿

著名专家学者谈
社情民意信息工作

蔡达峰(教授、博导)：

反映社情民意信息是民进全会的履职工作，要注重系统性，增强协同性，加强上下之间、横向之间的联系联动，形成共建共享、广泛联动的工作格局，丰富履职成果，提升凝聚力，扩大影响力。

要在各级组织领导班子会议、专委会主任会议和各条线工作会议上，研究联动工作情况，交流工作信息和经验。围绕议题共同开展调研，及时反映社情民意信息。

要发挥各自的信息、渠道和人才的优势，加强联合，形成合力，共同为反映社情民意信息发挥作用。

要从履职尽责和自身建设的全局出发，认真谋划和推进主题年工作，带领所属组织、机关部门和工作机构，明确任务，制定计划，督促落实，持续推进，确保主题年工作取得实实在在的成效。

(摘自2021年1月12日在民进中央2021年反映社情民意信息主题年工作动员会上的报告，原载2021年1月12日民进网)

朱永新(教授、博导)：

党派信息工作各地发展不平衡现象，很大程度上是党派和政协工作在各地发展不平衡的反映。为此，有必要通过制度建设和机制创新，努力推动各级政协信息在党政舆情汇集分析机制中发挥更大作用，丰富党政舆情机构的信息来源,提高舆情分析的客观性。

提高反映社情民意信息工作水平:一是加强研究,系统、全面地表述反映社情民意信息工作的地位和作用;二是适当调整信息体例,拓宽信息出口,其中应对只提出问题而没有提出解决方案的信息给予关注;三是探索信息工作在参政议政、民主监督方面发挥作用的新形式;四是继续加强对党派中央信息工作的指导。

(摘自2013年7月30日在各民主党派中央、全国工商联反映社情民意信息工作情况通报会上的发言,原载2013年7月30日民进网)

黄震(中国工程院院士,教授、博导):

反映社情民意信息是民进会章赋予每位会员的义务,同时也是党派成员实现自我价值和社会价值相统一的重要途径和载体。

首先要不断提高政党意识。作为一名参政党成员,要勇于担当政治责任和社会责任,以饱满的政治热情、高度的社会责任感,增强参政履职的使命感。

第二要关注国家和上海所需、群众所盼,把参政履职当作一种生活方式。要关心与百姓生活密切相关的问题,反映社会各阶层、各利益群体的诉求、利益表达,关心群众的疾苦,反映群众的呼声,推进社会公平与正义。

第三要自觉加强理论学习,提高调查研究能力。发挥专业优势,找准自身优势和参政履职的结合点,培养善于捕捉和发现问题的"党派眼",使提出的对策建议符合客观实际、符合群众意愿,具有可操作性。

目录

代序：从一个历史故事说怎样了解民情 …………………… 邓伟志 001
著名专家学者谈社情民意信息工作 ………………………………… 001

第一章　绪论 …………………………………………………… 001
　第一节　社情民意信息的范畴 …………………………………… 003
　第二节　社情民意信息的要求 …………………………………… 018
　第三节　社情民意信息的特点 …………………………………… 024
　第四节　社情民意信息与社会舆论 ……………………………… 029
　第五节　社情民意信息的现代性紧迫性 ………………………… 031

第二章　反映社情民意信息的原则要求 ……………………… 039
　第一节　反映社情民意信息的原则 ……………………………… 041
　第二节　反映社情民意信息的必备素质 ………………………… 043
　第三节　反映社情民意信息注意的问题 ………………………… 046

第三章　社情民意信息的类别 ………………………………… 055
　第一节　参政议政类 ……………………………………………… 057
　第二节　民主监督类 ……………………………………………… 066
　第三节　时政表态类 ……………………………………………… 071

第四章　社情民意信息的选题 ………………………………… 081
　第一节　善于捕捉社情民意信息线索 …………………………… 083

第二节　社情民意信息选题的来源⋯⋯⋯⋯⋯⋯⋯⋯⋯⋯⋯⋯ 089
　　第三节　影响社情民意信息选题的因素⋯⋯⋯⋯⋯⋯⋯⋯⋯⋯ 094
　　第四节　确定社情民意信息选题的原则⋯⋯⋯⋯⋯⋯⋯⋯⋯⋯ 097

第五章　社情民意信息的写作⋯⋯⋯⋯⋯⋯⋯⋯⋯⋯⋯⋯⋯⋯⋯⋯ 103
　　第一节　写作的基本要求⋯⋯⋯⋯⋯⋯⋯⋯⋯⋯⋯⋯⋯⋯⋯⋯ 105
　　第二节　社情民意信息的标题制作⋯⋯⋯⋯⋯⋯⋯⋯⋯⋯⋯⋯ 112
　　第三节　社情民意信息的篇幅要求⋯⋯⋯⋯⋯⋯⋯⋯⋯⋯⋯⋯ 117
　　第四节　社情民意信息的结构形态⋯⋯⋯⋯⋯⋯⋯⋯⋯⋯⋯⋯ 119

第六章　社情民意信息收集与报送⋯⋯⋯⋯⋯⋯⋯⋯⋯⋯⋯⋯⋯⋯ 137
　　第一节　社情民意信息收集与报送⋯⋯⋯⋯⋯⋯⋯⋯⋯⋯⋯⋯ 139
　　第二节　存在问题的社情民意信息⋯⋯⋯⋯⋯⋯⋯⋯⋯⋯⋯⋯ 149
　　第三节　社情民意信息稿件编辑⋯⋯⋯⋯⋯⋯⋯⋯⋯⋯⋯⋯⋯ 153
　　第四节　报送社情民意信息的意义⋯⋯⋯⋯⋯⋯⋯⋯⋯⋯⋯⋯ 160

第七章　社情民意信息的转化与传播⋯⋯⋯⋯⋯⋯⋯⋯⋯⋯⋯⋯⋯ 169
　　第一节　传播的要素和特点⋯⋯⋯⋯⋯⋯⋯⋯⋯⋯⋯⋯⋯⋯⋯ 171
　　第二节　社情民意信息转化为新闻报道扩大传播⋯⋯⋯⋯⋯⋯ 178
　　第三节　社情民意信息转化为评论作品媒体发表⋯⋯⋯⋯⋯⋯ 187
　　第四节　媒体报道社情民意信息应该实事求是⋯⋯⋯⋯⋯⋯⋯ 191

写在最后⋯⋯⋯⋯⋯⋯⋯⋯⋯⋯⋯⋯⋯⋯⋯⋯⋯⋯⋯⋯⋯⋯⋯⋯⋯ 195

01 第一章
绪　论

党的第二十大报告提出,以中国式现代化推进中华民族伟大复兴,发展全过程人民民主,保障人民当家作主。全过程人民民主是社会主义民主政治的本质属性,是最广泛、最真实、最管用的民主,在健全人民当家作主制度体系,扩大人民有序政治参与,保证人民依法实行民主选举、民主协商、民主决策、民主管理、民主监督,发挥人民群众积极性、主动性、创造性,巩固和发展生动活泼、安定团结的政治局面上发挥关键作用;也为各级人大代表、政协委员和民主党派成员,通过反映社情民意信息这个广阔的空间和宽广的平台,参政议政、民主监督、建言献策拓宽了路径。

2020年5月29日,中国民主促进会中央委员会主席蔡达峰在民进十四届十一次中常会上讲话指出:"掌握社情民意是治国理政的需要。""参政党履职尽责需要了解社情民意,需要反映社情民意,需要联系社会和群众。明年(2021年)全会将以主题年建设的方式,集中力量加强反映社情民意信息工作,一是为了增进认识,理解社情民意的含义,学习社情民意信息工作的理论、制度和政策,学习会章的相关规定,把握参政党反映社情民意信息工作的性质、作用和特征,把握其与民进基本职能、社会服务、海外联谊的关系,把握其在新型政党制度、国家治理中的作用,以准确的认识指导实践;二是为了增强能力,总结实践经验,找准问题短板,健全工作规范,完善信息报送的范围、渠道和方式,加强信息研究和利用,更好地发挥各级组织、机关和广大会员的作用,履行政协组成单位的职责,深入关心社会、关心群众、关心主界别,把这项工作提高到新水平,发挥更大效能。"

所以,反映社情民意信息是参政议政最大口径的渠道,能使广大政协委员、民主党派成员直接反映社情民意信息。为此,要探索设立公开渠道,广开言路,献计献策;社情民意信息是参政议政的重要来源,反映社情民意是参政议政的一种形式。信息是有意义的,在汇总处理时,要有程序,使各级民主党派负责人在信息转发前发表意见;反映社情民意信息的汇总材料可以供相关组织参考。社情民意信息还能够密切各级党委、政府同社会各阶层人士和广大人民群众的联系,及时了解社会动态和人民群众意愿,并成为科学、民主决策的重要途径和依据。

第一节 社情民意信息的范畴

民进中央主席蔡达峰说:"社情民意是决策的基本依据,也是建言的基本内容。反映社情民意信息是参政党的政治任务,也是社会责任。提高议政建言的质量,必须围绕中心、深入社会、关注民生,把握好大政方针与社情民意的关系。民进在这方面有优异成绩和宝贵经验。要完善机制,统筹推进。把反映社情民意信息作为参政议政、民主监督和政党协商工作的要求,促进信息与提案、发言、建议等相互转化和利用;把反映社情民意信息作为社会服务、海外联谊等活动的要求,及时发现问题,充分反映情况;要在全面加强自身建设中,为反映社情民意信息工作提供思想政治、人员组织、工作作风、规章制度的支撑。要压实责任,扎实推进。地方组织要注意扬长补短,在总结经验的基础上提质增效,在查找不足的基础上缩小差距,在率先示范的基础上发挥带动和督促作用;基层组织要切实履行基本任务,密切围绕所在单位发展,组织开展学习、培训和议政活动;广大会员要积极履行义务,深入调查研究,积极撰写信息。"

反映社情民意信息作为参政议政、民主监督和政党协商工作的要求,促进社情民意信息与提案、发言、建议等相互转化和利用。那么,如何理解参政议政呢?民进湖北省委会原副主委、中南财经政法大学教授叶青认为,参政议政,一是宏观参与议大事,二是微观服务办实事。具体可以分为两大种类,其一是专业研究型,其二为社情民意型。

民主党派成员大都为专业人士,而且各民主党派都有自己的人才库。这样一来,参政议政往往是专业研究成果的运用,专业研究成果成为专业研究合乎理性的延伸,有些观点的提出,具有不可替代性;社情民意型的参政议政同样重要,因为所有专业研究者同时又是社会一分子,他们都是"社会人",所处的社会环境和工作环境决定了他们有许多渠道来了解社情民意信息,这种社情民意信息也是各级党政部门决策时要充分掌握的。

"信息"工作始于1997年。当时中共中央宣传部成立了舆情局,专门负责这项工作,于是便有了党委信息、人大信息、政府信息、政协信息、党派信息、事业单位信息等,这是收集社情民意的重要形式。

民主党派成员写党派信息,是参政议政、服务社会与专业研究有机结合的一种综合形式。而且民主党派成员中的专家,对问题的理论分析,客观上形成研究报告、个人专著、学术论文、提案议案、社情民意信息等完整的、多重的应用系列,能够最大限度地发挥科学研究的效用。因此,积极参与参政议政、民主监督、建言献策,对民主党派成员来说,是一件非常有意义的事。所以,要鼓励和帮助社情民意信息报送者深化内容,成为议案、提案或其他形式的成果。

各民主党派地方组织也围绕地方经济社会发展问题开展考察调研;一些地方还采取了"中共党委出题、民主党派调研、政府采纳、部门落实"的形式,有效地发挥了民主党派的政策咨询和智力咨询作用。因此,反映社情民意信息已经成为各民主党派充分发挥协调关系、化解矛盾的重要载体。民主党派要努力做好反映社情民意信息工作,为各级党委、各级政府的科学决策、民主决策服务。

一、一般意义的社情民意信息

(一)字面上的社情民意信息

从字面上来理解,它由"社情""民意""信息"三个部分组成,但是社会普遍关注以及专家学者广泛研究的多为"民意"部分。对"民意"内涵的理解和阐述众说纷纭。"民意",顾名思义,就是民众的"意愿、意见、主张"的简称。

"社情"就是社会情况、社会动态,也就是通常我们所说的社会热点问题、难点问题、焦点问题;"民意"就是群众的看法、呼声、意见,也就是民情、民生、民心等方面的情况;"信息"就是可供参考的资讯。

社情民意信息就是指,能够反映国家大政方针的社会生活基本情况,以及人民群众对关注的热点问题所表达的真实意见和愿望。

(二)"社情"与"民意"

社情不等同于民意,但社情包含民意;民情不等同于社情,但民意是最重要的社情。在许多情况下,社情就是民情。

社情有时是一个事件、一种现象,不一定含有民意,如果引起了群众的反映、议论等就有了民意;民意有时因社情而起,但有时也不一定有社情,可能是某种新的观点、新的思路等;而社情民意要成为信息,就需要加工整理,分析问题的症结,提出解决问题的方法、思路,并向党政部门反映,为其提供决策参考。

二、社情民意信息的内容

(一)依照"条例"明确要求

2005年1月17日,中国人民政治协商会议第十届全国委员会第十八次主席会议通过了《中国人民政治协商会议全国委员会反映社情民意信息工作条例》,这个条例于2015年10月9日政协第十二届全国委员会第三十五次主席会议修订,2018年7月25日政协第十三届全国委员会第七次主席会议再次进行了修订。(图1)

图1 全国政协网站刊登"条例"的网页

条例全文如下：

中国人民政治协商会议全国委员会
反映社情民意信息工作条例

（2005年1月17日政协第十届全国委员会第十八次主席会议通过，2015年10月9日政协第十二届全国委员会第三十五次主席会议修订，2018年7月25日政协第十三届全国委员会第七次主席会议修订）

第一条 为规范人民政协反映社情民意信息工作，根据《中国人民政治协商会议章程》和有关规定，制定本条例。

第二条 反映社情民意信息是人民政协重要的经常性、基础性工作，是履行政治协商、民主监督、参政议政职能的重要方式，是社会舆情汇集和分析机制的重要组成部分。

第三条 反映社情民意信息是政协各参加单位、各专门委员会、政协委员、各民主党派和工商联成员及无党派人士，围绕国家大政方针和地方的重要举措，以及经济、政治、文化、社会、生态文明建设和党的建设中的重要问题，人民群众关心的实际问题，通过政协内部适当方式，向中共中央、国务院和地方党委、政府及有关部门反映情况，提出意见和建议。

第四条 反映社情民意信息工作，要高举中国特色社会主义伟大旗帜，以马克思列宁主义、毛泽东思想、邓小平理论、"三个代表"重要思想、科学发展观、习近平新时代中国特色社会主义思想为指导，坚持团结和民主两大主题，围绕中国特色社会主义事业"五位一体"总体布局和"四个全面"战略布局，深入基层，深入群众，广泛汇集、反映社情民意，为实现"两个一百年"奋斗目标和中华民族伟大复兴的中国梦贡献力量。

第五条 反映社情民意信息工作，坚持中国共产党领导，坚持围绕中心、服务大局，坚持解放思想、实事求是，坚持体现统一战线特色，坚持密切联系群众，坚持问题导向。

第六条 反映社情民意信息是政协委员的重要职责。政协委员要密切联系群众,重点联系本界别群众,深入了解民情,充分体察民意,广泛集中民智,积极反映社情民意信息。

第七条 做好反映社情民意信息工作是各级政协办公厅(室)和各专门委员会的一项重要任务。

政协全国委员会办公厅和各专门委员会在全体会议、常务委员会会议、专题协商会、双周协商座谈会等协商议政活动,以及视察、调研、提案、大会发言、团结联谊等工作中,收集、整理政协委员反映的重要情况和意见建议。

完善信息特邀委员制度。政协全国委员会办公厅聘请若干委员为信息特邀委员。

第八条 政协全国委员会办公厅和各专门委员会为各民主党派、工商联和无党派人士反映社情民意信息提供服务,加强与有关人民团体的联系,充分发挥他们在反映社情民意信息工作中的作用。

第九条 政协全国委员会办公厅加强与政协各省、自治区、直辖市及副省级市委员会反映社情民意信息工作的联系,做好指导、协调和服务工作。

完善反映社情民意信息联系点制度。政协全国委员会办公厅根据需要在基层政协地方委员会建立若干反映社情民意信息联系点。

第十条 维护政协委员、各民主党派和工商联成员及无党派人士依照宪法法律和政协章程反映社情民意信息的民主权利。

第十一条 政协全国委员会办公厅设立专门工作机构,负责社情民意信息的收集、编辑、报送、反馈,以及有关组织、协调、服务、保密的具体工作。

建立反映社情民意信息情况分析机制。定期通报反映社情民意信息工作情况。每年向常务委员会报告反映社情民意信息工作。

第十二条 政协全国委员会办公厅建立专门反映社情民意信息网络,为政协全国委员会委员和各民主党派中央、全国工商联,政协各省、自治区、直辖市和副省级市委员会,以及反映社情民意信息联系点等,提供畅通、安全、快捷的传递渠道。

第十三条　政协全国委员会办公厅重视反映社情民意信息工作队伍建设，加强信息工作人员的政治和业务培训，为开展工作创造条件。

第十四条　政协全国委员会办公厅定期表彰优秀社情民意信息、反映社情民意信息工作先进单位和先进个人。

第十五条　政协各级地方委员会可根据本条例，结合实际情况，制定相应的规定。

第十六条　本条例自主席会议通过后实行。由政协全国委员会办公厅负责解释。

《中国人民政治协商会议全国委员会反映社情民意信息工作条例》是各级政协委员、各民主党派、人民团体和各族各界人士，积极反映各自所联系群众要求的一个制度性文件。

条例明确，反映社情民意信息是人民政协重要的经常性、基础性工作，是履行政治协商、民主监督、参政议政职能的重要方式，是社会舆情汇集和分析机制的重要组成部分。

条例规定，反映社情民意信息工作要"围绕国家大政方针和地方的重要举措，以及政治、经济、文化、社会、生态文明建设和党的建设中的重要问题，人民群众关心的实际问题，通过政协内部适当方式，向中共中央、国务院和地方党委、政府及有关部门反映情况，提出意见和建议。"也就是说，社情民意信息反映的是国家大政方针，政治、经济、文化、社会、生态文明建设和党的建设中的重要问题和人民群众普遍关心的问题，而不是其他的"小问题"。从这一点看，社情民意信息在层次和起点上要高，不能是个案问题、事务性的诉求或通过领导信箱、热线电话和人民来信就能解决的问题。

（二）民进中央发布工作条例

在各民主党派中，民进中央于2022年2月7日发布了《中国民主促进会反映社情民意信息工作条例》(图2)。条例明确了中国民主促进会反映社情民意信息工作的主要原则是："坚持中国共产党的领导，准确把握中国特色社会主义参政党性质定位,遵守有关制度和规定;坚持以人民为中心的发展思想,深入社会,关心民生,反映民情民意民智,增进人民福祉。坚持实事求是,注重调查研究,注重理性分析,全面、客观、准确地反映相关情况和诉求;坚持问题导向,注重普遍性、苗头性问题,注重研判防范风险隐患;坚持集智聚力,发挥各级组织和广大会员作用,增强工作联动,体现民进组织优势、界别特色。密切联系各方,体现统一战线特色;坚持双向发力,把议政建言、凝心聚力作为社情民意信息工作的内在要求和重要功能,落实到全过程各环节;坚持质量优先,注重社情民意信息的真实性、针对性、实效性,不断总结实践经验,加强能力建设。"

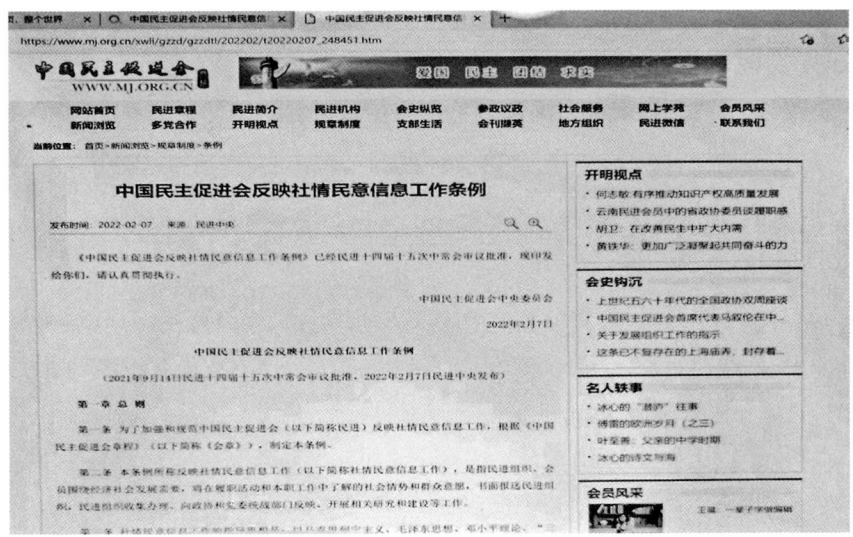

图2 发布《中国民主促进会反映社情民意信息工作条例》的中国民主促进会中央网站网页

中国民主促进会(简称民进)是以教育文化出版传媒以及相关科学技术领域高中级知识分子为主、具有政治联盟性质的政党,是同中国共产党通力合作的中国特色社会主义参政党。因此,民进成员反映的社情民意信息的内容,主要反映教育文化出版传媒以及相关科学技术领域的新情况,提出新问题、发现新动向、揭示新苗头,以此体现其界别特色;社情民意信息的选题也可以是建言性,主要针对当前经济社会发展的重点工作、难点工作,以及广大人民群众普遍关心的热点问题、焦点问题、堵点问题和难点问题,提出具有前瞻性的意见和可行性的建议。

第十二、十三届全国政协委员、民进中央委员、上海市人民政府参事胡卫曾经指出,参政议政课题工作要按照反映社情民意信息工作目标要求,坚持围绕中心、服务大局,坚持前瞻性、针对性、操作性相统一,着力突出问题导向、需求导向和效果导向,深入调查研究,提出对策建议,为党派组织参与专题协商、调研协商、议政协商发言和提交大会发言、集体提案提供支撑。

当前,在反映社情民意信息中,有将社情民意信息割裂开来的现象,出现单纯的"社情"、单纯的"民意"和单纯的"信息",有时反映的则是一种单纯的事情、现象或观点,没有分析和意见建议。

(三)重点关注四个大类

1. 党和国家大政方针、法律、法规的制定与实施过程中,来自基层人民群众的反映,对有关国家和地方经济建设和改革开放重要决策、部署的意见和建议;

2. 对城乡政治、经济、文化和社会生活中人民群众关注的热点、难点问题的反映,特别是带有倾向性、普遍性的情绪变化,党外代表性人士的警示性、批评性看法和意见;

3. 对国家机关及其工作人员勤政廉洁和工作作风情况的反映;

4. 对国际国内发生的重大事件、本地严重自然灾害和重要社会动态的反映,特别是消除隐患、维护社会安定团结的意见和建议。

(四)民主党派开展反映社情民意信息的优势

民进中央于 2022 年 2 月 7 日发布了《中国民主促进会反映社情民意信息工作条例》,该条例经 2021 年 9 月 14 日民进十四届十五次中常会审议批准。

条例明确中国民主促进会反映"社情民意信息工作的主要原则是:坚持中国共产党的领导,准确把握中国特色社会主义参政党性质定位,遵守有关制度和规定。坚持以人民为中心的发展思想,深入社会,关心民生,反映民情民意民智,增进人民福祉。坚持实事求是,注重调查研究,注重理性分析,全面、客观、准确地反映相关情况和诉求。坚持问题导向,注重普遍性、苗头性问题,注重研判防范风险隐患。坚持集智聚力,发挥各级组织和广大会员作用,增强工作联动,体现民进组织优势、界别特色。密切联系各方,体现统一战线特色。坚持双向发力,把议政建言、凝心聚力作为社情民意信息工作的内在要求和重要功能,落实到全过程各环节。坚持质量优先,注重社情民意信息的真实性、针对性、实效性,不断总结实践经验,加强能力建设。"

反映社情民意信息其实一点也不神秘。前面已经说到,从字面上理解,就是反映社会情况和民众意愿。社情民意信息的载体形式目前通常是书面文字信息,内涵实质是社情民意。对民主党派来说,反映社情民意信息工作实际上是履行参政党参政议政、民主监督职能的一种方式。更是发展全过程人民民主的一种形式。举例如下:

关于促进在线教育培训健康发展的建议

一、背景

在线教育培训以互联网和多媒体为技术手段,为受教育者提供远程的教育服务。相对于通常的线下教育,在地点选择、时间安排的灵活性上具有很大的优势,便于受教育者获得更为多样化、个性化的教育服务,实现因材施教、分层教学,并有利于优质的教育资源以较低的单位成本覆盖更多的人群,体现了科学技术进步对社会经济发展的影响。近年来在线教育培训发展迅猛。据中国互联网络信息中心(CNNIC)于2018年8月发布的第42次《中国互联网络发展状况统计报告》,截至当年6月,全国在线教育用户规模达1.72亿,较2017年末增长10.7%;在线教育用户使用率为21.4%,较2017年末增加1.3个百分点。这一发展趋势在未来的几年中还将继续保持。

目前,提供在线教育培训服务的机构包括内容生产、解决方案、社区工具、综合平台等多类;培训对象覆盖学龄前儿童、中小学生、大学生、在职人员、老年人等各个年龄段;培训内容包括艺术、语数外等文化学科知识、古今中外各类文化知识等各个方面,尤其是覆盖各个年龄段的语言培训规模最大;培训信息的格式包括文字、语音、视频等各类媒体格式;培训的形式包括静态页面、录播、直播、人工/AI响应等形式;培训的互动包括单向、即时、错时的多种方式。

二、问题

有个别在线教育培训机构虚假宣传、大规模收费,以便于融资和扩张,一旦资金链断裂就会对受教育者或其家长造成较大的经济损失;个别机构忽视教学质量,申请退费十分困难;个别机构对教学行为缺乏监管,未能及时发现或处理教学人员传播违法违规信息的行为。与此相对应,各级政府对在线教育培训行业的管理上存在以下问题:

一是管理机制未明确。现有法律法规未明确在线教育培训机构的设立和办学管理要求,尤其是未明确教育行政部门的管理职责,导致各级教育行政部门作为教育行业的主管部门,对在线教育培训难以实施有效管理。

二是管理举措不健全。在线教育培训机构的规范办学,主要涉及系统稳定、信息安全、收费规范、资金安全、内容合法、教学质量、超标超前、人员资质等八个方面。其中,系统稳定、信息安全等少部分事项,是在线教育培训作为互联网服务所特有的;其他大部分事项,是与线下教育培训所共同关注的事项,但因在线教育培训易于通过竞争催生出细分领域的寡头,因此在规模效应下可能产生的负面影响将被放大。

三、建议

(一)出台法律法规。由于对在线教育培训机构的管理涉及行政审批、部门职责等重大事项,按照《立法法》《行政许可法》《行政处罚法》等规定,应当由法律或者法规予以规定,以落实各部门职责、促进各部门依法行政。

(二)明确管理机制。建议明确对在线教育培训机构实施审批(行政许可)的管理方式,纳入《民办学校办学许可证》的适用范围。同时,建议对《民办教育促进法》第十二条的"其他文化教育"和"以职业技能为主的职业资格培训、职业技能培训"进行细化规定,以明确审批的范围。

(三)明确部门职责。建议明确各部门对在线教育培训机构的管理职责,同时明确相应的协调(信访)职责,尤其是有关收退费纠纷的协调。虽然互联网服务具有不受地理区域限制的特征,但有关行政审批(行政许可)与日常监管的部门,可参照线下教育培训机构的管理机制,由县级政府相关部门实施行政审批(行政许可)与日常监管。

(四)制订管理标准。基于互联网服务的特征,建议由国务院相关部门制订全国统一的在线教育培训机构设置标准与管理规范,确保各地的机构按照同一标准进行内部管理、提供教育服务,促进全国范围管理标准的规范化、统一化,避免不同地区因为政策不一,造成在线培训机构选择要求较低、监管不严的地区注册,从而埋下隐患。

这篇《关于促进在线教育培训健康发展的建议》被全国政协评为2019年度优秀社情民意信息,作者倪闽景现为全国政协委员、民进中央委员、民进上海市委副主委、上海科技馆馆长。

在移动互联网快速发展的今天,网培师作为一个新的职业工种,有望成为未来大学毕业生们择业和就业的一个新趋势。国家教育部等十一部门在2019年联合印发《关于促进在线教育健康发展的指导意见》中,也对现代信息技术与教育实现深度融合,教学资源和服务标准体系全面建立等提出了明确的要求。2020年下半年,在上海市培训协会等机构的共同发起和参与下,启动了"网培师能力评测标准"的建设,并在年底进行了相关标准的发布,网培师在线评测平台也已同步开始上线运行。老师线上完成相关课程、通过测试,可以取得相应的初级和中级证书。

倪闽景建议,在全国范围内进行网络培训师标准的应用推广,提升网络教培行业的从业人员特别是教师和培训师的专业技能,促进行业人才的规范化管理,促进我国在线教育事业的健康和良性发展,助力我国学习型社会的建设和发展。

由此可见,民主党派成员反映社情民意信息的优势主要体现在几个方面:一是组织优势,通过有组织地调查、研究、分析等方式来掌握社情民意；二是渠道优势，好信息通过党派组织渠道报送上去，会引起有关部门的关注，这和在网上发一个帖子效果是不一样的；三是地位超脱的优势，民主党派没有部门的、地方的利益羁绊，没有权力的压力，能够更客观地看问题、提建议。

民进中央原主席严隽琪曾经有一个精彩的比喻：我们既接近于决策中心，可以说是"居庙堂之高"；我们又有分布在各行各业的十数万会员，它联系本界别的又不止本界别的其他社会群众，可以说是"处江湖之远"。民主党派既能够围绕中心、服务大局，又能很接地气，广泛听取各方面的声音，这既是地位超脱的优势，也是渠道的优势。

（五）民主党派成员应积极反映社情民意信息

《中国民主促进会反映社情民意信息工作条例》明确，"民进各级组织应当定期学习有关理论、方针、政策，分析社情民意动态，研讨社情民意信息工作，查找问题，制定措施。""民进各级组织应当及时、逐级上报社情民意信息，确保时效性；重要社情民意信息即收即报。"

民主党派成员参与反映社情民意信息工作，首先要有意愿、有积极性，然后要用心、要下功夫，还要结合本职工作和专业领域，及时、逐级上报社情民意信息，确保时效性，对于重要社情民意信息即收即报。民进湖北省委会原副主委、湖北省统计局原副局长、中南财经政法大学教授叶青曾说过，"民主党派成员立足于本职工作和专业研究，再往前一步，就是参政议政"。社情民意信息也是如此，切忌另起炉灶，满世界找信息。所以，反映社情民意信息要结合自己的专业或本职工作，同时还要跳出自己的专业看行业，跳出自己的部门或工作看大局。这样的意见和建议带有全局性的视野，更有决策参考的价值。

三、社情民意信息的适用范围与表达形式

（一）社情民意信息与其他信息的区别

1. 社情民意信息与党政部门信息的区别：

一是角度不同，社情民意信息一般不反映动态性情况；二是范围不

同,社情民意信息属于问题建议类信息。

2. 社情民意信息与政协提案的区别:

一是渠道不同。社情民意信息报送渠道是内部渠道,在形式上是点对点,从信息作者(党派成员、党派组织)到政协机关,再到党政决策部门。政协提案一般是通过公开渠道;

二是题材不同。社情民意信息特别适合反映不宜公开讨论、公开反映的题材,可以更好发挥监督作用,政协提案多为可以公开的题材;

三是报送主体不同。社情民意信息的报送主体比政协提案更加广泛,较少或者没有层级限制。一级政协委员或政协参加单位,只能向本级政协提交提案,信息报送无此限制;

四是效果不同。社情民意信息服务于决策的作用、效果更直接,多是批示办理,政协提案则需政协立案分送有关部门办理。

(二)适用范围

1. 社情民意信息的适用范围:

一是不宜公开讨论的问题,以及对报送渠道具有特殊保密要求的问题;

二是党政部门信息渠道一般不易反映的问题;

三是既适用于参政议政,又适用于民主监督的问题;

四是适用于反映统一战线内部的问题。

2. 社情民意信息不适用范围:

信访事项、学术争鸣、进入司法程序的案件以及普通工作动态情况,道听途说的事项等。

(三)表达形式

1. 人大代表以及政协委员在全国会议上提出的议案、提案。

2. 各级政协全体委员会议、常务委员会议和其他各种会议提出的意见、建议。

3. 各民主党派提出的各种建议、意见等。

4. 各级政府机构的视察报告和专题调研报告。

5. 全国政协内部发行的各种报纸杂志以及简报等。

6. 人民群众和各界人士来信来访。

7. 媒体所反映的关于社情民意信息的各类报告等等。

四、社情民意信息的现实价值

了解社情民意信息，可以很好地掌握相关事件的发生、发展过程，畅通社情民意信息反映渠道，有利于提升舆情事件的预防和引导能力。

了解社情民意信息，可以为政府决策提供参考信息，有利于政府制定决策；在决策制定过程中，引入社情民意信息，有利于政府决策的有效执行。

试举一例：

2021年12月29日下午举行，上海市委市政府表彰上海市优秀人民建议获奖者。上海市民罗克平作为上海市优秀人民建议获奖者代表，受到了市委市政府领导会见。

罗克平向时任上海市委书记李强同志等市领导做了《提人民建议的"两个暖心""三个没想到""四个通道"》的工作汇报，表示自己提出的意见建议能够及时被采纳，感到既荣幸又暖心，充分感受到了党委政府倾听群众呼声、回应群众需求的决心和努力，畅谈了在撰写人民建议过程中的收获和体会。罗克平撰写的《关于建立上海"老专家智库"的建议》被直接吸纳写入了《上海市"十四五"规划纲要》中。他提出的人民建议三次得到了上海市领导的批示，三次荣获"上海市优秀人民建议"证书。

2021年，罗克平共提交了17条人民建议，其中《关于"十四五"期间健全"养老顾问"制度的建议》荣获了2021年度上海市优秀人民建议。

罗克平的其他不少建议也都收到了较为明显的效果：他提出的《关于在地铁黄陂南路站设立中共二大会址指示牌的建议》，地铁申通集团收到后及时作了吸纳改进。他提出的《关于在上海市区部分户外公共场所(交通枢纽、公园、体育场馆等)实施禁烟令的建议》，上海市健康促进中心回复表示：您的意见建议也正是我们想要积极推动和开展的重点工作之一，将会更有利于促进我们工作的开展。（上观新闻、上海电视台、解放

日报 2021 年 12 月 30 日均有报道）

反映社情民意信息是广大人民群众，以及各级人大代表、政协委员和民主党派成员参政议政、民主监督、建言献策所特有的常用载体，也是各级党委、政府密切同社会各阶层和广大人民群众联系，及时了解社会动态和人民群众意愿，并据此做出科学、民主决策的重要途径和依据。因此，社情民意信息既可以是对国家和地方大事、要事的反映，也可以是对百姓生活小事、琐事的折射；既可以是前瞻性和宏观性的，也可以是具体的和微观的。

社情民意信息正在成为地方党政部门发展和管理城市的决策依据，随着社会的发展，社情民意信息与城市建设、城市管理、老百姓生活和社会公益事业息息相关。为城市精细化管理提供社情民意的信息和建议，也将提升建言献策个人的人生价值。

第二节　社情民意信息的要求

一、主题聚焦

社情民意信息主题要鲜明,避免一篇文章多个主题、面面俱到,导致每个问题都难以深入阐述。要阐明发生了什么事、是怎么发生的,要做什么事、为什么要做和怎样去做。主题是社情民意信息作者对提出的问题所持的观点和评价,通过社情民意信息表达出来的某种建议和看法,是作者写作目的之集中反映和体现。

二、思考深刻

所谓思考要深,就是对问题的阐述要透彻,观点要独到,不要泛泛而谈。如果有数据、有案例,则更有说服力。也就是说,对所要反映社情民意信息的事实或现象,其所包含和所联系的各个方面,都要有准确把握和透彻认识。譬如社情民意信息要反映上海市民穿睡衣上街不文明的问题,则首先要分析清楚睡衣的属性以及穿睡衣在街上行走究竟有哪些不文明因素。如果街上市民所着睡衣只是一种"居家服",那么,市民穿着上街,既不违法也无伤风化,那就不存在是否文明的问题。另外,所反映的社情民意信息应力求提出认识问题的新思路、新见解,提出解决问题的新办法、新途径。社情民意信息所提出的建议要有启发性,力求解决实际问题。

三、建议实在

社情民意信息要有可操作性的举措,而非原则性地讲道理、指方向。建议要有针对性,而非大而空,避免诸如"加强宣传、加强教育、加强立法、建立机制……"之类，务求落在实处，至少有职能部门能够去落实。

2022年春天，新冠疫情突发，造成阳性人员临时隔离资源不足。针对这一实际情况，有的社情民意信息建议：仔细盘点，各级党政部门和企事业单位也还是有闲置资源可以考虑纳入阳性人员临时隔离资源范围。建议认为：各级行政辖区以及一些特大型行业或企业所辖的党校，位数也定不会少。相对来讲，党校的设置，考虑到各方来学校培训人员的住宿，房间的配置，在最基础的运行条件上，定然比普通的学校建筑、比起一般的酒店建筑，自然会强出不少，那些场所更符合作为传染病隔离定点的空间所在；在必要的时候，也可以征用各行政辖区的政府大楼，稍做临时布置，即可投入使用（相信眼下的各级政府部门所在办公空间，应是闲置的更多些）。毕竟疫情非常时期，能利用的都得马上利用起来；本市还有许多企事业单位在本市远郊地区建有设施齐全、配置优良的各种培训中心，比如上海××培训中心，既有客房餐厅，还有活动场所，可以说是一应俱全。像这样优质的资源，平时一直处于闲置状态，完全可以考虑纳入阳性人员临时隔离资源范围。

这样提出的建议，内容实在、具体，可操作性也就比较强。

四、真实准确

真实准确是社情民意信息的根本。如果反映的内容虚假，提供的数据不准确，那么信息不仅没有参考价值，还可能造成领导决策失误。因此，要坚持实事求是，尊重客观实际，讲真话、述实情。无论是揭示内涵还是描述表象，都必须恰如其分、清楚明白，合乎科学。要客观、冷静，不要讲不切实际的大话、过头话，也不要用华而不实的形容词、修饰语，更不要有攻击、质问、声讨性用语。

下面是一篇写于2015年的社情民意信息稿件，文中所述数据、现状，有的由权威部门当年发布，有的则是作者在调查过程中获取，为相关管理部门决策提供了真实准确的情况。

为"超常规"发展的高校新闻类专业办学建言

在报刊、广播、电视、网络等高度发达的今天,通过各种传媒获取自己所需的信息,已然成为人们日常生活的一部分,而那些奔波周旋于各大新闻事件中的媒体记者,成为社会舞台上不可忽视的亮点。作为培养传媒人才的摇篮,高校新闻学类专业自然受到考生和家长的追捧。

新闻学类专业上世纪80年代还只在一些特大城市的重点综合性高校设置,而到90年代却在全国各地高校迅速铺开。进入21世纪以来,这种情况愈演愈烈,不仅在理工类、师范类、财经类、政法类、农业类、体育类高校"超常规"发展,也涌现在一些地级城市高校。据权威部门统计,1994年,全国新闻学类专业点共有66个,到了2006年,全国已有460多所各类高校开设新闻学类专业点661个,在校生达到13万余人。每年的毕业生由上世纪80年代的百余人增加到现在的3万余人。而且还有不断扩大、增加的趋势。然而,截至目前(2015年),全国经核准颁发记者证的记者总人数也只有18万余人。

在开设新闻学类专业点的各类高校中,地方高校所占比例比较高。地方高校在师资力量、办学条件上存在诸多限制,遇到的困难和问题也较多。据了解,目前地方高校新闻学教育存在的问题及原因有以下几个方面:

其一,新闻学专业培养目标不清晰。地方高校由于开办新闻学专业的时间短,经验不足、定位不准、观念模糊,缺乏明确的办学理念和培养目标。

其二,理论与实践脱节。过于知识传授和课堂理论教学,忽视了实践环节在人才培养过程中的地位和作用。

其三,教学安排不尽合理。由于教师资源相对匮乏,对新闻学专业所需开的课程无法一一开出,因而在课程设置时易忽略新闻学专业的特殊性。

其四,缺乏对学生职业精神的培养。由于地方高校新闻学专业办学时间短、办学经验少,对新闻职业技能的训练起步迟缓。

新闻学类专业"超常规"发展必然造成毕业生供大于求。目前公开的数据显示,我国新闻媒体目前的数量大体上分布为:报纸约 2200 多种,期刊杂志 8000 多种,广播电台、电视台、有线电视台各约 1000 台。在近三五年内,国家新闻出版总署将继续贯彻"控制规模,优化结构,提高质量,增进效益"的方针。这意味着在今后一段时间内,新闻媒体将维持现有规模,数量上不会有大的增长,因而对新闻人才的需求将是有限的。

与此同时,中国新闻教育学会的一项调查显示,随着逐步与国际接轨,以及市场竞争的加剧,国内的传媒业正在进行整合。针对国内很多新闻学类毕业生普遍存在知识面狭窄、综合能力一般等问题,一些媒体在招聘人才方面不再局限于招收新闻学类专业的毕业生,并且对媒体人才的需求也在逐步提高"门槛",一是上岗后就能补位的高素质人才;二是既懂新闻,又懂经营的媒体经营管理人才;三是除新闻学专业外,还掌握另一门学科基础知识的复合型人才。

有鉴于此,要为"超常规"发展的高校新闻类专业谏一言。在招收新闻学类专业时,首先要注意在当前新闻媒体采编人员日趋饱和的情况下,根据市场需求,尤其是未来的需求来培养人才,扩大数字媒体、网络媒体、企事业单位新闻发言人等相关岗位的教学,这样可以消化新闻专业的毕业生;其次要增强品牌意识,在专业及课程设置上机动灵活,在培养方式上精耕细作,办精品专业、招牌专业。现在,复旦交大等高校新闻专业的培养目标就是具有国际视野和综合能力的高端人才。

五、时限要短

没有了时限,信息就会贬值,有时甚至完全失去价值。

这里的时限,就是社情民意信息产生应有社会效果的时间限度,即在什么时间范围内使社情民意信息生效。在实践中,它包含时新性和时宜性两个层面。时新性指社情民意信息应体现及时、迅捷;时宜性指社情民意信息上报的时机,要求两者平衡和统一。

比如,2014 年 12 月 9 日,民进会员叶开江和家人边吃晚饭,边收听广播，一则消息引起了他的关注：12月13日，一些歌手将在上海八万人体育馆举行大型演唱会。"12月13日，不是南京大屠杀国家公祭日吗？"身为历史教师的叶开江，对这个时间点很敏感。随后，他上网一查，这一天上海还有另外3场演唱会。

"一些国家规定，在国耻日是不能举办大型娱乐活动的，因为在这个严肃的日子里歌舞升平，是极不和谐的。"叶开江表示，他当时有感而发，随即写下一篇《国家应立法禁止在国难日、国耻日举行大规模娱乐活动的建议》，上报支部主委。

过了一段时间，支部主委找到他说："叶老师，你写的社情民意信息已经被民进中央采用，并作为信息单篇报送全国政协。这篇信息，将转化为民进中央的集体提案，在2015年的全国两会上提交！"这则消息让叶开江十分振奋。

以叶开江社情民意信息为基础，形成的稿件如下：

应立法禁止在国家公祭日举行大型娱乐庆典活动

12月13日，"2014 smart中国上市五周年群星演唱会"在上海体育场隆重上演，李宇春、Rain、张碧晨、华晨宇等歌星到场献演。对此，笔者很不理解，因为12月13日是南京大屠杀77周年纪念日，也是南京大屠杀国家公祭日。明星开演唱会并无不可，但是为何偏偏选择在这一天开，身为历史老师，笔者很是不解甚至很是愤慨。我们需要娱乐，但我们不能忘记历史。忘记历史，悲剧也许会再次降临。

由此，笔者专门查阅其他国家有无相关经验可供借鉴。以色列：每年犹太历7月27日，以色列"灾难和英雄"大屠杀纪念日，广告和娱乐活动停止，降半旗，警报长鸣两分钟，行人肃立，车辆停驶。波兰：11月1日亡灵节，全国警报长鸣两分钟，行人肃立，车辆停驶。人们到墓前致哀，连儿童都异常安静。奥斯维辛集中营举行沉痛的悼念活动。俄罗斯：从1996年开始，俄罗斯把德国入侵苏联的6月22日纪念日作为"缅怀和哀悼日"，全国默哀一分钟，降半旗，文化单位和广播、电视停止娱乐活动和节目。此外,韩国:6月6日显忠日,祭奠英烈。法国:每年11月11日,法国停战节,纪念死难者,如同国庆节一样隆重。

近期,国家把9月3日设立为抗战胜利日,9月30日设立为烈士纪念日,12月13日为南京大屠杀死难者国家公祭日等,说明党中央对此的高度重视。需要对国耻日、国难日的纪念,让大多数国民了解最基本的国难史。前事不忘,后事之师。提醒民众,牢记国耻,不忘历史。增强社会主义荣辱观,提升国民素质,落实社会主义核心价值观,增强民族凝聚力。

因此,建议:

1. 建议国家立法,禁止在国家公祭日等重大国耻、国难日举行大规模的娱乐、庆典活动。

2. 增设5月9日、9月18日为重大国耻日和国难日。

1915年5月9日,袁世凯政府接受了日本灭亡中国的"二十一条"。从此,这一天被立为"国耻日",人们通过各种方式纪念。而1931年9月18日,日本制造震惊中外的九一八事变,从此开始了14年的侵华历史。全体中国人都应该记住这惨痛的历史教训,在这样的日子里进行大规模娱乐、庆典活动,实属不该。

在2015年3月30日的民进黄浦区委会扩大会上,区委会领导鼓励叶开江再接再厉,写出更多更好的社情民意信息。自此,叶开江走上了参政议政、建言献策之路。

近年来,叶开江积极履职建言,撰写社情民意信息130多篇,全部被民进上海市委采用,超过半数被上海市政协、上海市委统战部、民进中央和全国政协采用。

第三节　社情民意信息的特点

社情民意信息要能够抓取现实社会中的某一热点问题、难点问题、焦点问题,特别是民生民计问题,在分析主要原因之后,提出解决问题的具体对策建议,提请党政部门予以关注。

这里举个例子:

故宫西路修缮中清理遗址,发现大量元代、明代建筑瓦件,但故宫管理层不清楚情况,下边工作人员不爱护文物,将这些珍贵历史遗存当作垃圾处理十分可惜。这些建筑构件有着七百多年的历史,是北京历史文化的真实见证,数量稀少,不可多得。故宫博物院作为文物保管部门,对此不重视,令人十分遗憾。宫里文物精品众多,这些残损的瓦件可能不当好东西,但这里孕育的历史信息,是不应被抹去的。可将这些建筑构件移交至北京古代建筑博物馆、首都博物馆、北京艺术博物馆、北京皇城艺术馆、北京石刻博物馆或东城区文物管理所妥为保管。据我所知,这些博物馆里元代的文物遗存很少,或根本没有,这样既可以清理故宫的所谓"垃圾",也可以妥善保护这批历史遗存,延续他们的文物价值,传播北京近千年的古都历史文化。

被当作垃圾处理的元代琉璃滴水瓦,龙形俊逸瓦件巨大,十分珍贵,古建博物馆里都罕见。

被当作垃圾处理的明代琉璃滴水瓦,龙形雄健,飘然欲飞,可与元代琉璃瓦相比照,时代特征一目了然,也具有文物价值。

这则《关于重视故宫修缮中清理出的元明代建筑瓦件历史价值的建议》,紧紧围绕故宫修缮中清理出的元明代建筑瓦件有被当作垃圾处理的情况,提请党政部门予以关注。全文只有420字,可谓真实可信、篇幅短小、文字精练、主题鲜明、针对性强、反映迅速。

由此可见,社情民意信息一般都具有真实性、及时性和可读性的特点,具备"篇幅短小,文字精练,主题鲜明,针对性强,反映迅速"的特质。

一、真实性

社情民意信息如同新闻一样,多是新近发生的、为人们所关心的、变化着的事实。也就是说,社情民意信息是客观事实的反映,事实永远是第一性的。

社情民意信息的真实性是实践的真实、历史的真实。社情民意信息如果失实,不外乎量和质两种原因,前者表现为个别情节、事例、数字的失误,后者则纯属凭空捏造、无中生有,将可能影响党政部门的决策,还可能造成严重后果。

二、"易碎"性

社情民意信息非常讲究时效和时宜。对于时效和时宜非常形象的说法,就是社情民意信息是一种"易碎品"。

把社情民意信息说成是"易碎品",是指一旦错过了上报时机,事过境迁,社情民意信息就会贬值,甚至变得毫无价值。在现代社会中,生活节奏不断加快,对上报社情民意信息的机构来说,慢就会落后于人,就会失去竞争力。比如,2022年9月12日至14日,台风"梅花"肆虐我国东南沿海地区。许多市民在经历了新冠疫情防控的日子之后,感到再厉害的台风来了,也不过那么回事,实在不可怕,最多继续宅家不出门。他们最为担心的是一个个核酸检测亭。因为这些核酸检测亭在设立时匆匆忙忙,既未打基础,也没做加固,担心"梅花"肆虐街头,吹走或者吹坏核酸检测亭,给群众带来不便。有人就建议有关部门抓紧在"梅花"到来之前,认真查验核酸检测亭经受强台风考验的安全性,让核酸检测亭接受"梅花"的大考。

这个建议,如果不在台风"梅花"肆虐之际及时提出,等到台风过后再写成社情民意信息的话,那就毫无价值可言。

社情民意信息的易碎性是相对的。有些社情民意信息具有长远的历史纵深性和长时效性。

三、可行性

不是所有的社情民意信息都马上能吸引受理人的注意，也不是所有的社情民意信息都能给人以深刻的印象。生活经验告诉我们，在日常生活中，人们有意关注的事情并不是每天都有，党政部门对社情民意信息的接受，大量的是属于无意识的。这种对一般性事实为题材的社情民意信息的接受，显然不是单纯由社情民意信息的题材所决定的，也就是说，在社情民意信息的写作形式上有大有作为的广阔天地。

社情民意信息要内容新鲜、形式新颖生动。这种内容与形式的统一是社情民意信息写作获得成功的必备条件。社情民意信息写出来，是要上报给党政部门看的，如果人们不愿看社情民意信息，其实是一种资源的浪费。

第十二、十三届全国政协委员、民进中央委员、上海市人民政府参事胡卫曾指出，青年人的医疗整形中存在着乱象，商家以低价宣传、技术速美、"美丽贷"等多重消费陷阱，诱导青年人跻身整形消费。为此，他大声疾呼，对整形市场进行规范，完善相关法律行规；进行价格指导等多元协同治理，同时对青年人开展价值引导，增强其整形风险意识。同时提出建议，明令禁止对未成年人开展除容貌修复等必要医疗之外的整形项目。这篇社情民意信息的原文如下：

建议禁止未成年人非必要医美手术

目前，针对青年人的医疗整形中存在着乱象，商家以低价宣传、技术速美、"美丽贷"等多重消费陷阱，诱导青年人跻身整形消费。为此，亟需对整形市场进行规范，完善相关法律及行规；进行价格指导等多元协同治理，同时对青年人开展价值引导并增强其整形风险意识。我建议，明令禁止对未成年人开展除容貌修复等必要医疗之外的整形项目。

一、问题背景

医美作为一种非必要的医疗行为，在青年群体中成为一种消费趋向。

在2020年整形产业的消费者中,18—35岁青年群体占比71.1%,其中"95后"青年比例超过50%(《2020年中国医疗美容行业洞察白皮书》)。

在整形行业呈现高额利润和快速发展态势下,出现了存在经营不规范和诱导年轻消费者现象。2019年中国医疗美容市场规模达到1 769亿元,增速22.2%,消费者中62.1%购买过手术类的项目;全国超过8万家生活美容店铺非法开展医疗美容项目,具备医疗美容资质的机构仅约1.3万家;在合法的医疗美容机构当中,约15%的机构存在超范围经营的现象。

整形业乱象对青年人造成群体性的伤害:首先是直接的身体健康损害;其次,误导青年价值观,助推青年人的容貌焦虑和过度追求颜值;再次,整形消费的贷款或分期付款等方式,让年轻人陷入以"美丽"为名的消费贷陷阱中。

二、原因分析

1. 低价广告宣传,虚构消费陷阱。整形市场上的低价产品比比皆是,但仅限于广告宣传,远低于实际花费。

2. 借助医学技术,宣扬商业高效"美"。整形机构借助现代医疗技术,用宣传话术将商业美包装为年轻人可自主追求的新型高效美。

3. 借助金融工具,助推青年超前消费。整形机构则推出多种便利的消费途径,如线下的消费贷款,线上分期付款,从而诱导年轻人的非理性消费。2021年1月25日《今日说法》揭露一起以招聘青年网拍模特为名与整形机构合谋的"套路贷"诈骗案。

4. 整形业的隐性暴力。这几年因整形失败的青年维权事件在新闻报道屡见不鲜。整形失败需支付高额赔偿费,但整形业普遍将整形成败归为消费者个体责任,且多采用言语威胁、人身威胁甚至是非法拘禁手段,来应对消费者维权,甚至拍摄消费者维权视频且将顾客标签化为"医闹"。整形维权困难的隐蔽性,从而掩盖了整形消费的潜在风险。

三、对策建议

1. 出台规范整形业的法律法规。医疗整形作为新兴行业,亟需完善相关法律及相关细则。如设置整形业的准入机制,明确提供整形服务内容,特别是手术类医疗整形服务人员的资质和执业范围等,公开展示其相关审批文件及服务资质;明确行业经营范畴,并明令禁止对未成年人开展除容貌修复等必要医疗之外的整形项目;规范整形广告相关法律,禁止夸大整形效果、宣扬性别歧视和隐瞒手术风险等广告宣传;完善适用于整形民事纠纷的调解细则和诉讼司法解释。

2. 进行价格指导,减少消费陷阱。按照医疗机构的相关标准给予整形机构相关服务项目价格指导,杜绝整形业的价格不透明和野蛮经营,设置指导价格查询官方平台,并对未获得国家安全认证的整形项目予以坚决取缔和通报。同时,应对其项目的贷款消费等制定严格标准,并限制没有经济收入能力的青少年,特别是学生群体的"美丽贷"。

3. 多元协同,治理整形业暴力问题。针对整形业中的违法、甚至暴力威胁消费者群体生命及健康的整形机构,予以重点治理。在市场管理相关部门成立针对整形治理的办公室,重点督查的投诉、上访及纠纷频发的整形机构。建立市级整形行业协会,强化行业协会的行业标准执行和监督职责。发挥群众监督作用,鼓励和奖励消费者举报整形机构的违法行为。

4. 价值引导,提升青年理性认知和整形风险意识。整形产业推崇的标准化"商业美",不应成为衡量美的标准。青少年处在世界观、人生观和价值观养成的关键期,应对年轻人加强对整形风险的宣传教育,在主流媒体平台、视频网站的公益广告等方式,宣传整形风险,引导青年树立正确的价值观,不盲从商业化的美。

这篇《建议禁止未成年人非必要医美手术》的社情民意信息,事实客观,反映及时,切中时弊,可读性也很强。

社情民意信息写作中要力忌呆板枯燥、千篇一律、缺乏新意、令人生厌的文风和笔法。任何一篇社情民意信息,如果没有可读性,不管其主题有多深刻,决策参考价值有多高,也不能算作非常成功。

综上所述,社情民意信息必须坚持"真实可信,篇幅短小,文字精练,主题鲜明,针对性强,反映迅速"的特点,发挥其在社会治理中应有的作用。

第四节 社情民意信息与社会舆论

一、社会舆论与社情民意信息相互影响

（一）社会舆论与社情民意信息

社会舆论是在特定的空间里，公众对特定的社会公共事务公开表达的基本一致的意见或态度，是社会评价的一种，也是社会心理的反映。它经常以公众的利益为名义，以公共事务为指向，具有公开性、公共性、急迫性、广泛性、评价性的特点。

社情民意信息就是指，能够反映国家大政方针的社会生活基本情况，以及人民群众对关注的热点问题所表达的真实意见和愿望。

社会舆论经常是直接或间接地反映社情民意，有时也会被某种力量制造和驾驭，用以影响、歪曲和掩盖真实的社情民意。

（二）社会舆论对社情民意信息的反映

社会舆论是社情民意信息在现实社会中的表现形式，社会舆论与社情民意信息相互呼应、相互影响，社会舆论反映出的社情民意信息就会更加丰富与真实。

（三）社情民意信息对社会舆论的影响

社情民意信息反映渠道的畅通，有助于预防和引导社会舆论，社情民意信息在社会舆论发展过程中，起着非常重要的作用。

二、社情民意信息与社会舆论的相互转化

（一）社会舆论与社情民意信息的互动

社会舆论和社情民意信息之间的互动应当是一种常态，两者经常是

统一的,并存在一定的对应关系。具体来看,社会舆论和社情民意信息都包括了公开与不公开的部分。只要是群众所想的通过各种载体表达出来,不管其说与不说,都是社会舆论或民意。一般地,社会舆论和社情民意信息都侧重于群众对社会各种具体事务的情绪、意见和愿望等的表达,是直接来自一些群众的心声。

也就是说,社情民意信息有现实社会作为其存在的基础,社会舆论经常地是社情民意信息在各类载体的表现与升华。

（二）社会舆论与社情民意信息的转化方式

1. 社情民意信息转化为社会舆论

社情民意信息发端于现实社会。合理合法的利益诉求不能得到满足、社会分配极端不公、贪污腐败行为肆意横行等社会现象不断激起人民群众的不满,他们需要表达自己的意愿和想法,希望问题得到解决,但是现实社会中有时又缺少这样的制度性的渠道。而各类载体的兴起造就了一个"全民麦克风"的时代,每个人都拥有自己的话语权,人们可以随意发表自己的观点和想法,并通过各类载体聚集有相同观点和态度的人。

2. 社会舆论演变为社情民意信息

互联网时代,人们的参与度提高,当某些事件通过各类载体得到传播并引起社会各界人士关注时,广大人民群众往往也会参与其中。当事件经过发酵引发强有力的社会舆论时,就会影响现实社会中人们的想法,从而形成有影响力的社情民意信息。

应该看到,社会舆论有时并不直接真实地反映社情民意,或不能真实全面地反映社情民意。采集和写作社情民意者对这点要有十分清醒的认识。

第五节　社情民意信息的现代性紧迫性

当今时代,国际环境复杂严峻,国内改革发展稳定任务艰巨繁重,处于百年未有之大变局之中。

全面贯彻习近平新时代中国特色社会主义思想,要求弘扬伟大建党精神,坚持稳中求进工作总基调,推动高质量发展,深化改革开放,发展全过程人民民主,加强宣传思想文化工作,突出保障和改善民生,推进生态文明建设,加快国防和军队现代化步伐,积极开展中国特色大国外交,推进全面从严治党,坚决开展反分裂、反干涉重大斗争,妥善应对国际风云变幻带来的风险挑战,着力保持平稳健康的经济环境、国泰民安的社会环境、风清气正的政治环境,推动党和国家各项事业取得新的重大成就。

在这百年未有之大变局中,充分发挥社情民意信息在反映国家大政方针,政治、经济、文化、社会、生态文明建设和党的建设中的重要问题和人民群众普遍关心的问题,有着极其重要的意义。

一、进一步加强科学决策的需要

改革开放四十多年来,特别是党的十八大以来,人们的思想随着社会的进步发生了巨大而复杂的变化。人们不再盲从,学会了多问几个为什么;随着经济改革进程的加快,利益的分层和多元化日益明显,人们争取或维护自身权益的意识在逐步增强;而伴随大众传播媒体逐步走向市场,关注群众要求、反映群众呼声的趋势也愈加明显。现代信息技术革命所带来的互联网的迅猛发展,使人们获取和表达各种观点的条件变得愈加充分。所有这些已经并还在继续发生的变化,使人们的思想处在空前活跃的状态。在此情形下,充分发挥社情民意信息的转化成果对群众开展教育引导，能够起到凝聚人心、开拓奋进的作用。因此，进一步做好社情民意信息工作，也是执政党面临的现实课题。

人们的各种思想观念总是通过其具体的意愿表达出来的。只有分析社情民意信息，做好民意调查研究工作，才可能及时、准确和全面地把握社会的热点问题、难点问题、焦点问题，及时了解群众的看法、呼声、意见，掌握民情、民生、民心等方面的情况，并从中获取可供参考的资讯。正是能够借助于社情民意信息这个桥梁，党政部门才能有更多的决策依据。

二、做好民意调查研究工作的需要

党中央始终坚持人民至上，切实认识到搞好民意调查研究工作对于深化改革、加强基层民主建设、开展民主决策的重要意义，并在实践中使之成为社会治理系统必须进行的一项基础性工作。倘若不是这样，没有来自各层面的社情民意信息，就没有对群众意愿的准确、及时和全面的了解，就没有对群众意愿信息进行客观、深入和细致的研究，就没有向有关系统反馈问题信息的活动。

简而言之，如果没有科学化、经常化、制度化了解社情民意信息的制度，作为人民公仆的执政党，要履行好代表广大人民利益的责任是极其困难的；要建设好一个充分体现高度民主的法制化国家的目标也是极其艰难的。从现实情况看，要解决社会的热点问题、难点问题、焦点问题，及时了解群众的看法、呼声、意见，掌握民情、民生、民心等方面的情况，发现和惩处以权谋私的腐败分子，需要首先做好社情民意信息收集，加强做好民意调查研究工作。

三、实现科学有效管理的需要

开展好社情民意信息工作，更应该反映社会真实情况，特别是广大人民群众的真实意愿、想法、希望、意见等等。这些情况是党和政府科学决策的基础，决定了政策的科学性、民主性以及政策实施的可行性，直接关系到目标的实现。而要获得准确的社情民意信息，决策者一定要深入基层，实地调查，放低姿态，善于发现问题，善于分析，善于总结。

四、提升社情民意信息质量的需要

相对于传统的社情民意信息收集工作,也需要研发社情民意信息系统,为社情民意信息的选题、起草、提交、审查、领导批示等提供全流程应用,建立社情民意信息台账,动态跟踪办理情况,及时向社情民意信息反映人或上报单位反馈信息采纳情况。提供政策法规、国家重大战略部署、民生热点查询、展示,为反映社情民意信息提供智库支持。提供社情民意信息查重功能,提升社情民意反映质量。同时也应该支持社情民意信息反映人或单位通过文字、照片、视频等方式灵活反映社情民意信息、意见或建议,以提高履职效率。逐步实现社情民意信息多渠道收集,在线转化、整理和提交,随时随地了解和反映社情民意信息。

五、反映社情民意信息需防止两种倾向

反映社情民意信息一定要反映真实的社情民意,但在实际工作中,必须防止出现两种倾向。一种倾向是在事实的提炼和提升中,把批评性、揭露性的社情民意信息进行"加工""提升",反面事实正面做,掩饰或者篡改核心事实,硬是把批评性、揭露性的社情民意信息提升为"正能量";另一倾向,则是对负面信息,进行任意夸大、刻意转移,为新的冤假错案埋下伏笔。

这两种倾向的社情民意信息,实质是在提供虚假社情、编造民意、加工信息。这是反映社情民意信息所不允许的。

延伸阅读

如何做好社情民意信息工作

卫小春

社情民意信息是民主党派履行参政议政职责的重要渠道，也是衡量民主党派工作水平的重要标尺。加强反映社情民意信息工作是深入学习贯彻《中共中央关于加强中国特色社会主义参政党建设的意见》等三个重要文件和《中国共产党统一战线工作条例》的需要，更是新时代参政党地方组织发挥作用、体现时代价值的需要。

如何做好社情民意信息工作？我认为要做到"三个聚焦"、要做好"三个结合"及要发挥好"三个作用"。

做到"三个聚焦"

一要聚焦大局大势。具体到当前国家层面，就要聚焦"十四五"规划和2035年远景目标，围绕把握新发展阶段、贯彻新发展理念、构建新发展格局，积极建言献策，广泛汇集共识。具体到山西省层面，就是要以中共山西省委"四为四高两同步"总体思路和要求，站在省委转型综改的发展大势上，关注党政所急、发展所需，聚焦山西省新兴战略产业，深入调研，持续建言。

二要聚焦社会热点。经济社会发展中的热点难点重点，是国家和全民最关注的领域，也往往是社情民意信息较好的议题采集点，撰写关注度高的社情民意信息，不仅切入点好，而且针对性强。我们要紧跟当前国内外、所在省、所在地方发生的时事热点，紧跟与民众联系紧密的教育、食品安全、公共卫生、养老等事关民生的问题，来收集信息议题，撰写社情民意信息，而且面对热点问题一定要聚焦准、切口小，不做人云亦云的普通大众，而要做能够一针见血指出问题症结所在的信息敏感者，抓问题的核心要义、关键所在。

三要聚焦民进主界别。民进反映社情民意信息也要体现我们的界别特色,始终不能离开教育、文化、出版、传媒等民进的主界别。因为这些都是民进的优势所在,首先我们对自身行业熟悉,且大多数会员都是高中级知识分子,有思想有远见,容易从中发现问题并找出问题的解决办法。比如从事教育事业的会员,就完全可以结合本职工作的特点,针对教育事业存在的问题,制定议题大纲开展深入调研,然后撰写信息提出意见建议。

做好"三个结合"

一要做好信息工作与理论学习的结合。坚持不懈的理论学习是做好信息工作的根本所在,如果理论学习跟不上,做信息工作就如同无水之源、无本之木。

二要做好信息工作与队伍建设的结合。

做好信息工作加强队伍建设是基础。各级组织特别是各级组织的领导班子成员在日常的工作、组织活动中,要善于发现参政议政的好苗子,因势利导,重点培养。在发展新会员时,要注重履职能力的考核,各级组织在审批会员时,要将反映社情民意的能力作为入会考核的重要内容,把参政议政能力作为选择任用会内干部的重要条件,通过正确用人导向,形成激励大家积极履职的工作格局。

其次做好信息工作,还要加强信息工作专职干部队伍建设和信息骨干会员队伍建设,重点抓好各级组织中的人大代表、政协委员、信息骨干会员等关键少数,增强他们的信息工作责任感,发挥好他们在信息工作中的头雁效应,带动各级组织和广大会员、会内外专家学者参与到社情民意信息工作中来,进一步扩大社情民意信息工作参与面,逐步实现基层组织反映社情民意信息全覆盖。

三要做好信息工作与本职工作的结合。

作为民主党派成员反映问题和提出建议要想被各级党委和政府认可并采纳,必须要有独到的观察和独特观点,而观点是否有见地,归根结底取决于专业水准,因此从自身熟悉、擅长的领域入手撰写信息是最容易的。尤其是对我们的新会员、信息撰写的初学者,最有效的途径就是从自己熟悉的领域入手,充分发挥对自己本职本行业情况熟悉的优势,可以做到少走弯路,且上手快易掌握好操作。这就要求每一位民进会员学好自身所在领域和行业的专业知识,聚焦自己所在行业领域,发挥专业特长,积极建言献策。

发挥好"三个作用"

一要充分发挥好调查研究的作用。"没有调查就没有发言权",反映社情民意要用事实说话,但万事万物我们大多数时候看到的只是表象,这就要求我们深入基层一线,以当前国家和所在省总体发展思路和要求为导向,聚焦人民群众关心的热点问题,选择党委所需、政府所急、人民所盼、自身所能的重点课题,按照"细化切入点、找准着力点"的要求分类分层、深耕细耘。

二要充分发挥好考核激励的作用。要按照民进中央《关于反映社情民意信息主题年有关事项的通知》要求,严格落实《民进山西省委会2021年反映社情民意信息主题年工作实施方案》中的各项工作部署,把握重点、细化工作,对标对表,制定时间表,确定完成项,确保主题年各项工作按时保质完成。

要发挥好《民进山西省委会参政议政工作考核奖励办法》,并根据信息工作实际情况不断完善考评激励制度,将参政议政工作作为星级组织评选的重要内容,在评选五星基层组织中实行参政议政"一票否决"制度,在举办信息专题等各种培训活动中优先考虑优秀信息骨干会员。要提高对省委会常委、委员、信息骨干会员的信息工作要求,强化对他们在信息工作中的考核,并将信息工作考核结果作为评选先进和个人履职的重要评价参考。

三要充分发挥好会内外资源的作用。省委会要加大与民进中央、各级组织的上下联动,强化与各省级组织的横向协作,注重与政府各职能部门的沟通联系,深度挖掘会内外建言资政优秀人才,用好他山之石、他山之人,加强社情民意信息选题合作的力度,通过联合调研了解社情民意信息的难点重点领域。

鼓励会员根据个人工作实际,及时发现信息线索,反映社情民意信息,鼓励各级组织加强横向联合,发挥各自所长,优势互补,形成信息工作的合力,实现信息、资源和成果共享,提高反映社情民意信息的系统性、协同性。

反映社情民意信息工作是一项政治性、政策性和时效性很强的工作,我们要进一步增强责任感,以更加饱满的热情、更加务实的作风,积极探索,努力工作,共同推动反映社情民意信息工作不断取得新成绩。

(作者系民进中央原副主席、民进山西省委会原主委)

原载《团结报》,民进网2021年10月28日

02 第二章
反映社情民意信息的原则要求

第一节 反映社情民意信息的原则

反映社情民意信息应该把握以下几个原则：

一、一事一报原则

一事一报，简洁明了，多则几百字，少则几十字，这样的信息易被采纳，易交办处理，切不可多事一议。信息可以是一种情况，一个苗头，一个问题，一种看法，一条建议等，只要角度把握得好，时机掌握得准，就是一条很好的社情民意信息。

二、真实无误原则

真实性是信息的生命，要言之有据、言之有理，有一说一，有二说二，不说大话、空话、套话。既不能道听途说，更不能胡编乱造。对所获得的信息要深入调查核实，去粗取精、去伪存真，对于广大人民群众反映的客观情况，应亲自实地考察，准确无误后再撰写社情民意信息上报。

三、注重时效原则

反映社情民意信息既要适时，更要及时。社会敏感的社情民意信息，关系到国家的健康发展，关系到社会的稳定和谐，关系到广大人民群众的切身利益，要增强时间观念和效率意识，知情即报，为党委、政府"为之于未有，治之于未乱"提供信息来源。当事物处于萌芽状态时，解决起来比较容易、简便；可是，一旦时机错过、积重难返时，就加大了解决问题的难度。从这个意义上讲，抓住了时机，就抓住解决问题的可能性，提出问题适时，引起了关注，就能很快得到解决。因此，要做到收集快、整理快、报送快，对一些比较重要的信息要争分夺秒，以最快的速度报到决策者手中。

四、切实可行原则

反映社情民意信息的目的是为了使党委、政府全面掌握实际情况,及时解决实际问题。有些问题,党委、政府可能基本清楚,原因大致也了解,关键是推荐好的解决办法。这个时候,做好社情民意信息工作的关键就是要出高招,多提一些切实可行的建设性意见和建议。问题的提出要鲜明、准确,具有较强的说服力;问题的分析要透彻、清晰,具有较强的科学性;解决问题的建议要措施具体、切实可行,具有较强的可操作性。

五、言之有物原则

社情民意信息要有事实、有分析、有建议,要有独到见解,避免泛泛而谈;要有真知灼见,有针对性,不说空话,不讲虚话,避免套话;要贴近群众、贴近实际、贴近需求,注意及时反映党和政府需要了解以及群众急切关心、要求迫切的问题。

第二节 反映社情民意信息的必备素质

一、社情民意信息作者应有的修养

（一）加强思想政治修养

1. 提高政治觉悟。社情民意信息从收集、写作，到上报，也是一项思想政治活动，必须坚持党的领导，增强"四个意识"、坚定"四个自信"、做到"两个维护"，注重用习近平新时代中国特色社会主义思想武装头脑。从事这些活动，要具备正确的世界观、人生观、价值观，要坚定正确的政治方向和正确的舆论导向。

2. 加强职业道德修养。从事社情民意信息活动，要有远大的理想和高尚的道德情操，要具备志存高远、脚踏实地的敬业精神，牢固树立全心全意为人民服务的思想。

（二）提高理论政策水平

1. 掌握基本理论。要认真学习马克思主义的理论，运用其立场、观点和方法，辨别真伪，揭示本质，要有从实际出发、实事求是的科学态度，具备理论联系实际、辩证地分析问题的能力。

2. 加强政策观念。社情民意信息的政策性很强，因此要有政策观念，加强政策学习，提高政策水平，严格按照党和政府所发布的政策办事，加强法律观念和纪律观念。

（三）打好知识和业务根底

1. 重视知识积累。既要国际国内时事动态了然于胸，把握大政方针，又要勤学广闻，触类旁通，还要有广泛的兴趣和丰富的实践，做到目光四射,广为涉猎,勤于积累,举一反三,融会贯通。

2. 提高业务水平。掌握各种调查研究方法,能够在错综复杂的事物和缤纷杂乱的信息中,去粗取精,除伪存真,揭示真相,理清轻重,分别缓急,分析出问题的症结所在,同时还要不断提高文字修养。

(四)培养深入朴素的作风

1. 深入调查研究。通过调查研究掌握情况,发现问题,了解群众的呼声和要求,带着问题进行调查,在调查研究过程中,倾听群众的呼声。

2. 作风艰苦朴素。在从事社情民意信息的调研活动中,要始终保持艰苦朴素的本色,清正廉洁的作风,发扬不怕困难的刻苦精神,严谨细致,力戒猎奇,切忌追风。

二、社情民意信息作者的知识积累

反映社情民意信息也是一种知识的传播,"社情""民意""信息"在社会的知识系统中也扮演着重要角色。因此,做好社情民意信息工作需要具有良好的知识素养。具体包括如下三类知识:

(一)写作社情民意信息是各方面知识的综合运用

社情民意信息反映的对象很广泛,涉及许多不同领域,这就要求从事社情民意信息写作者具有广泛的兴趣和广博的"百科"知识。"百科"是相对于工作需要而言的,往往指的是包罗万象,如常说的"杂家"范畴的知识。在社会信息剧增的时代,由于人们精力、时间等的有限性,要想成为全才、通才非常困难,社情民意信息写作者也不例外。但是,由于反映社情民意信息工作对象的庞杂,囊括了广泛的领域、区域和各行各业,因此必须尽可能地拓展知识范围,必须具有丰富的文化知识、合理的知识结构以及获取知识的能力。

(二)不断出现的新知识是学习和涉猎范围

反映社情民意信息的工作者,还必须十分善于学习。现代科学的发展十分迅速,出现了不少新的学科,新的知识也不断增加,这些都是应该学习和涉猎的范围。对新鲜知识的掌握和吸收,可以帮助突破某些旧的思想方法的束缚,发挥创造性。一方面,反映社情民意信息需要了解新知识;另一方面,反映社情民意信息需要熟悉所涉及的领域,了解该领域的过去、现状和发展趋势,对一些专业问题具有敏锐的洞察力,有独到的见解,能够站在该领域的前沿,成为行家里手。

(三)丰富的实践知识能够检验综合能力

实践经验的积累,是对来自社情民意信息工作各种知识和能力的综合实践训练和检验。文化知识、专业知识帮助在写作社情民意信息过程中解决"是什么"和"为什么"的问题,但不能解决"怎么做"的问题,这就需要把文化知识、专业知识应用于社情民意信息写作的实际工作中,结合具体情况,在实践中解决具体问题,才能形成实践性知识。

信息社会是一个产生大量信息、传播大量信息的社会。写作社情民意信息,要想从繁杂的信息中识别真相,并深刻分析、准确判断其价值,就必须通过持续性的学习,丰富知识,开阔眼界,进而提高自己的专业能力和工作水平。

第三节　反映社情民意信息注意的问题

一、政治导向

社情民意信息工作是一项政治性、政策性很强的工作,必须增强"四个意识"、坚定"四个自信"、做到"两个维护",注重用习近平新时代中国特色社会主义思想为指导,服从和服务于国家和地方工作大局。所报社情民意信息的内容必须与国家的法律法规相一致,与多党合作和政治协商制度相一致。

二、保守机密

社情民意信息中,有的可以公开发表,有的只能内部报送,应有所区别。特别是事关社会和谐稳定方面带有苗头性、普遍性的情绪变化,或有识之士带有倾向性、普遍性的情绪变化,或有识之士的警示性、批评性的看法和意见,或涉及经济社会发展内部重要数据等,均应内部报送,不宜公开。

三、通俗易懂

社情民意信息往往涉及一些专业性很强的问题。信息中使用的专业概念和术语应当准确,要保证让受理、阅批信息的工作人员和领导能看懂信息。对于特殊专业名词应适当解释,使信息通俗易懂。

比如,2021年上海两会上,上海市政府工作报告指出,2021年,上海将聚焦打造国内大循环的中心节点和国内国际双循环的战略链接,主动服务和融入新发展格局;聚焦强化"四大功能",加快推动经济高质量发展。那么上海应如何做好这项工作？请看澎湃新闻的一则报道：

全国政协委员、民进上海市委专职副主委胡卫在上海市政协十三届四次会议的分组讨论上发言表示，上海强化"四大功能"要和国家"加快形成以国内大循环为主体、国内国际双循环相互促进的新发展格局"的战略思路结合起来，即成为内外循环的核心链接点，这符合上海高水平开放型城市的定位，也只有上海能做得到。上海需划定上海的重点链接半径，"上海就是东部升级的龙头，未来要做的，是将外循环的动能化为内循环的助力，重心仍然应是向外看，而不是向内看。"胡卫说，上海打造"国内大循环的中心节点和国内国际双循环的战略链接"的定位非常重要，而将上海的"四大功能"定位与内外双循环战略匹配起来，意味着上海要连接国内外市场和区域内外市场，发挥桥梁作用，实现内外一体的要素最优配置。

在胡卫看来，"链接"意味着跨国公司在布局全球链时，将以上海这一门户枢纽便捷可达的区域作为布局半径，在这一半径之内主要的商业成本都可以忽略不计。上海应当以海运、空运的直达国家为外部链接区域，以长三角为内部链接区域，形成两个循环的链接半径。

"简言之，上海未来促进内外循环的高效联动，外部市场可重点开发东亚、欧洲和北美市场，内部市场将重点推动长三角一体化。"胡卫表示，未来的货物流、服务流、科技流、人员流、数据流等要素流，将体现为自西向东，在长三角集聚后，通过上海再流向外部，同样，外部高端要素的流入也将首先汇合在以上海为领先的长三角，再向中西部辐射带动。

胡卫认为，上海的"国内国际双循环的战略链接"功能，不仅体现在以机场、港口、公路、铁路、金融交易所等为载体的货物流、人才流和资金流的贯通功能上，还体现在对亚太市场和国内市场的联结功能上，体现为高端要素的集聚和规范高效的营商环境示范，体现为兼容并蓄的文化多样性，还体现在能提供丰富类型的国际交流平台上。

"在下一步的促进双循环部署中，就教育、医疗、养老等服务业，我们可以考虑两个方面重点工作。"胡卫认为，一方面，可允许境外资源和其他相关社会力量参与；另一方面，应对标全球最高水准，优化全市教育、医疗等公共服务发展的布局,允许多类型多层次教育、医疗、消费产品的提供,充分吸纳长三角人才资源,以此为上海未来的人才储备作长远谋划。

就上海自身而言,胡卫表示,消费和内需仍有较大空间,需要进一步拉动提高。

"调研显示,我们的消费内需和发达国家比,还有20％的成长空间。"胡卫强调,想要拉动内需和消费,首先有两个问题要解决:一是就业保障问题,尤其是针对在线经济、数字经济、共享经济等新的就业形态;二是收入分配制度要改革,更好地体现多劳多得、劳动技术因素、科技因素等。

"这两个问题解决了,我认为对消费和内需的拉动,还要和供给相结合,消费、供给、产品都要升级。"他说,扩大内需要解决保基本和多样化的关系。以消费升级为例,就包括在线消费、体验消费、养老消费、教育消费等,这些都与民生基本保障相关,满足人们的多样化需求。

在胡卫委员看来,目前,上海教育、医疗等公共服务资源配置不均衡、经费支出结构不合理情况还明显存在。以教育为例,基础教育软件配置在区域和校际间仍存在失衡现象,经费投入存在"重物轻人"问题等。他建议,对标全球最高水准,优化全市教育、医疗等公共服务发展的布局,深化供给侧结构改革,高质量提升公共服务的均衡化水平,同时引领长三角一体化发展。

在保基本、全覆盖的前提下,高端的教育、医疗、养老要尽量放开,允许和其有关的社会力量主体参与。"保住基本,放开内部,社会需求还有很大的潜力。"胡卫说,如果能在民生服务中建好基本制度,丰沛资源供给,那么改善民生、扩大内需一定会有更好的结果。

这篇原载于2021年1月26日澎湃新闻的报道,所涉内容非常专业,幸好胡卫对这些专业问题进行了通俗解读,同时也表明自己观点,提出了可供决策部门参考的建议和对策。

延伸阅读

从典型事例谈撰写社情民意信息的要点

刘继承

我从2008年加入民进以来,积极撰写了大量的社情民意信息,也取得了一些成绩,所撰写的信息多次被全国政协、中央统战部、民进中央和广州市政协等采用,并获得多次表彰。

撰写社情民意信息的关键在于选题、内容、方法三个方面。谈一下自己的体会。

选 题

要点一:立足专业

对于绝大多数人来说,撰写提案的最大挑战在于信息不对称,你可能发现了某些不正常的事情,或者觉得某些方面存在问题,但是这些问题是不是客观存在,还是自己的认识偏差?如果是客观存在,是普遍存在还是只是个别问题?如果普遍存在,导致出现问题的原因和解决的办法是什么?把这几个问题讲清楚了,就是一个好的信息。而关注自身专业领域是最容易发现问题和解决问题的有效做法。

从2008年《劳动合同法》颁布以来,劳动法的问题逐渐成为社会主要热点问题并长盛不衰,而劳资纠纷也成为影响社会稳定的主要问题之一。我从2000年做律师以来,劳动法业务是我的主要业务领域及研究方向,也积累了丰富的实践经验,我还长期担任广东省律师协会劳动法律专委会主任、广东省劳动人事争议调解仲裁专家咨询委员会专家等社会职务,无论是对政府的政策法规、工会及企联的立场,还是对企事业单位的关注和劳动者的利益诉求,都有非常清晰的认识和深入的了解。我过去所撰写的信息大多数与劳动法有关,所提出的问题和建议都有扎实的研究基础和充分的实践例证,因此能够得到有关方面的采用和重视。

2010年3月，针对《劳动合同法》实施后存在的突出问题，我撰写并提交了《劳动争议仲裁案件审理期限过长导致纠纷久拖不决》的信息，被广州市政协《社情民意》专刊采用，后又被中央有关部门内部刊物采用。2011年1月，针对包括教师在内的大量建立人事关系的事业单位人员存在维权渠道不畅等诸多问题，我执笔完成了《完善人事争议立法，促进人事关系和谐》的信息，后转化为民进广东省委会提交省政协的集体提案和民进中央作为提交全国政协十一届四次会议的集体提案。

要点二：贴近时事

从时事新闻中选题也是很好的方法。当前，人们了解时事渠道越来越多，每一条时事新闻中都涵括需要解决的社会问题。

例如，2016年1月18日，广州市番禺区11岁女孩陈某在上学途中被19岁的嫌犯韦某奸杀引发社会关注。韦某在13岁时曾掐死同村4岁男孩，却因未满14岁而未受刑事处罚。一年后韦某捅伤6岁女童并准备把她淹死被判刑六年。2015年11月刚提前释放，两个月后便犯下如此恶行。而就在不久前的2015年11月，湖南邵东县三少年因网瘾杀害了无怨无仇的优秀乡村教师李桂云，促使他们决定实施犯罪的原因竟是"我们还没满14岁，就算打死人了，也不用坐牢"。

针对这些热点事件，我研究后撰写了《重新构建未满14周岁未成年人犯罪防范治理体系的建议》，提出了包括"适当降低最低刑事责任年龄到12或13周岁，以刑罚手段惩处低龄严重暴力犯罪；完善未达刑事责任年龄的未成年人实施犯罪后的收容教养的配套法规；加快未成年人严重不良行为矫正制度和设施的建设"等建议，被广州市政协、民进中央等采纳。

2020年12月26日，十三届全国人大常委会第二十四次会议表决通过刑法修正案（十一），将最低刑事责任年龄调整到12周岁，而直到2021年两会期间，未成年人的犯罪问题和矫正机制问题还是很多代表委员的关注热点。

要点三：关注民生

信息的撰写要关注民生，紧跟时事热点问题，提出有建设性的意见和建议,为有关部门解决热点问题提供及时的参考意见,这样的信息被采用的概率更高。

2011年11月,佛山"小悦悦事件"及湛江"凌华坤见义勇为却导致自身伤害及财产损失"事件引发了我的思考,我撰写了《关于将"见危施救"行为纳入工伤保险范围建议》,该建议被广州市委统战部《广州统战信息》采用,并报送有关市委领导。

2014年7月15日傍晚,广州市海珠区一辆301路公交车因人为纵火爆燃,导致2死32伤的重大事件,第二天我就撰写了《关于职工在上下班途中遭遇公交爆燃事件导致伤亡应认定为工伤的建议》。

内　　容

要点一：言之有物

信息相对于提案,更加短小精悍,这就要求内容更加言之有物,用较短的篇幅把问题和建议说清楚,切忌长篇大论,不着边际。

2014年4月,广东某台企发生重大停工事件,事件的起因仅仅是因为一个退休员工由于企业没有依法缴纳社会保险导致养老金过低而引发了"骨牌效应",最后导致规模空前的群体性事件,引起各级党委政府的高度关注。从事发开始,我就密切关注事态的发展,并应有关部门要求就相关法律问题提出了一些分析意见。但是我更关注这个标志性事件所带来的巨大效应,因为欠缴社会保险不仅是某一个公司的事情,而是珠三角、长三角乃至全国都普遍存在的问题,而随着员工对社会保险的重视和维权意识的提高,这将带来重大的社会问题。

经过认真思考和研究,针对"社保违法历史欠账普遍大量存在,社保缴费标准增长过快、企业不堪重负,员工通过正常法律途径维权路径严重受阻,集体协商立法不完善"等诸多问题,提出了"系统梳理过往政策,尽快就社会保险的历史欠账制定解决方案、适当降低缴费标准和比例、法院和劳动仲裁委应当依法处理社保争议、完善集体协商立法"等建议,完成了《建议尽快厘清并解决社会保险历史欠账问题,预防群体劳动纠纷》的信息,该信息后被民进中央采用,凭单篇信息获得国家领导人批示,并获得民进中央参政议政成果一等奖和全国政协"优秀社情民意信息"表彰。

要点二：全局视野

信息撰写一定是从个案、从微观事件入手，但发现问题和解决问题应着眼宏观，有全局视野，理性而中立，所提观点不偏激、不出位，才有可能被认可。

2014年10月15日，正值第116届广交会开幕之日，广州出现了数千辆甚至上万辆出租车罢运的情况。罢运原因包括出租车司机对广州拟增加出租车数量、打击非法营运黑车不力、出租车价格过低等存在不满。值得关注的是，罢运事件发生后，网络上社会舆论均同情出租车司机，鲜有谴责之言，而同时未见到作为经营主体的任何一个出租车公司出面进行回应。经过研究，我发现近年来，武汉、重庆、温州、潮州、深圳等各地出租车罢运的问题层出不穷，其原因基本类似，长此以往积累下去，将形成巨大的社会隐患。现行出租车管理机制已经到了非改不可的地步。

于是，我撰写了《关于尽快完善出租车管理体制、化解群体社会矛盾的建议》，提出了包括尽快完善出租车管理体制、加大出租车公司的管理职责和雇主责任、鼓励出租车司机通过组建工会的形式维护合法权益、发挥出租车行业管理的作用等建议，信息得到有关部门的采纳。

方　　法

要点：资料搜集及素材研究

提案和信息虽然篇幅、内容、传递效率等方面存在不同，但是在写作方法上还是有共通之处，在这里我举一个撰写提案的经历来聊聊资料搜集及素材研究问题。

由于2015年先后发生了天津港特大爆炸事故和深圳市渣土受纳场特别重大滑坡事故，2016年初，民进广东省委会准备就安全生产方面的内容向省政协提出提案，决定由我作为执笔人来起草这个提案。我接受任务后，在研究、分析、调研、论证的基础上，撰写了《关于进一步夯实安全生产基层基础建设、加强全民安全教育的建议》的提案，该提案获得了省政协主席的亲自督办，并获得当年广东省政协的优秀提案。我作为安全生产工作的门外汉,所撰写的安全生产提案能够得到省政协领导和省政府各有关部门的肯定,让我感到十分欣慰。

回想提案撰写过程,安全生产这几个字虽然耳熟能详,但是真正要我撰写一份有质量的提案,才发现自己对此一窍不通。例如:我省安全生产存在什么普遍性的问题?安全事故发生的原因有哪些?不同行业的安全生产监管有什么特点?我都一无所知,更别谈提出解决方法。

没有调查就没有发言权,于是我就借助互联网,搜索收集了大量有关安全生产的资料:

首先,我搜集了前五年即2011年到2015年全国范围内发生的特别重大安全生产事故以及部分有影响的重大安全生产事故的资料,包括事发的新闻报道、事故原因分析报道、事故后续处理及反思的报道等,共搜集了近百篇报道,进行梳理和归纳;其次,我根据安全生产事故多发行业的分布,搜集了包括道路交通行业、建设施工行业、危险化学品行业、消防行业等在安全生产管理方面存在的问题及解决建议的相关研究成果,在此基础上进行分析和研究;最后,我还搜集了国外突发公共安全事件处置及危机管理的相关论文,来研究国外在应对突发安全生产事故时的管理有什么经验值得借鉴。

在搜集上述材料的前提下,我通过对搜集的材料进行分析、归类、总结、提炼,对安全生产方面的问题有了较为清晰的认识和理解,再结合参与多地的现场调研、走访座谈,和收集数据、报告,我基本上是一气呵成写完了这个提案。

通过前述提案的撰写,也改变了我自己的一个观点,过去我一直认为,在参政议政方面,只能在自己擅长的专业领域和范围,才能写好提案和信息,但事实证明,详尽的资料搜集和调查研究完全可以弥补专业领域的不足。只要你足够用心和细致,在移动互联网时代下,很多信息和资料都可以获得,很多问题和疑惑也都能解决。

虽然专业人士来做本专业领域的课题有轻车熟路的优势,但是也存在先入为主、不容易突破的明显短板,正是因为太熟悉情况,才会认为某些东西肯定改不了,某些做法根本不可能实现,这样先入为主的想法有时恰恰会阻挡了解决问题的思路；抑或本专业人士受部门利益和个人利益的影响，不自觉会屏蔽某些于部门利益或个人利益受损、却于全社会有利的建议。

反之，非专业人士敢想敢试，又没有利益牵绊，反而有时能够提出很多有益的探索。对于参政议政而言，我们既需要专业的知识积累和人才储备，同样需要勇于探索、敢于突破、勤于创新的精神和意志。

（作者系北京大成（广州）律师事务所合伙人，民进广东省委会社会法制工委副主任、民进广州市委会社会与发展工委副主任。）

原载民进网 2021 年 6 月 9 日

03 第三章
社情民意信息的类别

第一节 参政议政类

一、参政议政

参政议政是现代民主政治的重要组成部分,也是中国式现代化进程中发展全过程人民民主的重要内容。

一个国家实行什么样的政党制度,由该国国情、国家性质和社会发展状况所决定。各国政党制度的不同体现了人类文明发展的多样性。

我国实行的政党制度是中国共产党领导的多党合作和政治协商制度,它既不同于西方国家的两党或多党竞争制,也有别于有的国家实行的一党制政治制度。多党合作制度是在中国长期的革命、建设、改革实践中形成和发展起来的,适合中国国情的一项基本政治制度,是具有中国特色的社会主义政党制度,是中国社会主义民主政治的核心组成部分。多党合作制度中包括中国共产党,中国国民党革命委员会、中国民主同盟、中国民主建国会、中国民主促进会、中国农工民主党、中国致公党、九三学社、台湾同胞自治联盟八个民主党派。

中国人民政治协商会议是中国共产党领导的多党合作和政治协商的重要机构。在中国多党合作制度中,中国共产党与各民主党派长期共存、互相监督、肝胆相照、荣辱与共,共同致力于建设中国特色社会主义,形成了共产党领导、多党派拥护;共产党执政、多党派合作议政、参政,都以宪法为根本活动准则,受宪法保护,根据宪法实行互相监督的基本特征。

中国多党合作制度在中国的政治和社会生活中显示出独特的政治优势和强大的生命力,体现了民主与集中的科学统一,发挥了不可替代的重大作用。民主党派的参政议政是民主党派的基本职能,是民主党派在国家政治生活中发挥作用的主要方式,也是民主党派最重要、最基本的工作。在新中国的不同历史时期,各民主党派坚持围绕中心、服务大局,通过在政协大会上提交提案和大会发言,以及开展考察、调研等形式,就社会聚焦的民生重大问题参政议政、建言献策,赢得了社会各界的好评和赞誉。

2021年5月11日至14日,民进全国反映社情民意信息工作培训班在广东省社会主义学院举办。民进中央领导以视频方式出席开班式并讲话。民进中央参政议政特邀信息员、民进各省级组织和副省级市民进组织信息工作专职干部、广东省各地市民进组织专干和骨干会员等参加培训。

　　了解社情民意,反映社情民意信息,是参政党的民主权利,更是政治职责。社情民意信息工作开展的成效,还是参政党自身建设水平的体现。过去20多年,民进中央的信息工作一直保持较高水平,取得了骄人的成绩,为民进全会赢得了光荣。未来,在国家整体进入高质量发展的新阶段,参政党反映社情民意信息工作只会加强,不会削弱。2021年民进全会重点建设工作的主题是"反映社情民意信息"。按照主题年建设工作的安排,大力开展社情民意信息工作的培训是其中的重要内容。

　　民进会员刘浩,是湖北省发改委离退休干部处干部,民进湖北省省直综合支部宣传委员。2020年被评为民进全国履职能力建设先进个人,荣获民进湖北省委会"抗疫先锋"称号。入会仅三年,刘浩累计报送各类提案建议、社情民意共24篇,其中1篇被民进中央采纳,1篇得到中共湖北省委有关领导批示,10余篇被武汉市政协采用。

下面所列稿件就是刘浩反映的社情民意信息。

关于加快推进"气化长江"工程的建议

民进会员、湖北省发改委干部刘浩反映:近日,习近平总书记在南京进一步强调了要加强长江上中下游地区的互动协作,加快推动绿色低碳发展,努力建设人与自然和谐共生的绿色发展示范带。"气化长江"工程是落实总书记重要指示的具体部署,是指通过技术改造升级,将原来以柴油、重油为主要燃料的长江内河船舶,改造为LNG和柴油双燃料,并逐步替代为纯LNG动力燃料的"油改气"工程。"气化长江"工程的实施,将助力美丽长江建设和长江航运高质量发展,带来巨大的生态溢价和可观的经济、社会效益。

一、存在的问题

1. 缺乏全面统筹规划,互动协作力度不够。长江航道虽长,但岸线资源毕竟有限,装配加气站、加注码头或是接卸站涉及的市场主体较多,不仅关系沿线港口的发展规划,还需满足当地城市的能源岸线规划。亟需进一步加强顶层设计、统筹规划。

2. LNG船前期投资较高、推广应用难度较大。LNG船较高的前期投入、LNG加注码头与相关设施设备的不完善,是LNG船数量难以快速增长的重要原因;而LNG船数量少而导致用气需求不足,又反过来影响了LNG加注码头的建设,最终使得LNG在长江水运的大规模应用显得迟缓。

3. 天然气管道普及率有待提高,LNG接收站与管道设施互联互通不够。在长江经济带沿线广大县城、农村地区,天然气分支管线的缺口依然很大,同时受居民用气快速发展影响,我国天然气峰谷差异巨大,储气设施建设速度较慢,调峰能力有待增强。亟需将主要LNG接收站以及现有管道连接起来,实现资源的有效调配。

二、相关建议

1. 研究制定"气化长江"工作方案和专项推进计划,做好顶层设计。以相关央企、各省能源企业等为主体,成立"气化长江"清洁能源储运、供应产业联盟,集聚资源,广泛开展合资合作、共建共享、央地协同、上下联动,协同推动"气化长江"工程落地。

2. 加快LNG加注站、加注码头及天然气储气库基础设施建设步伐。利用长江区域优势和独特的交通枢纽地位,发展LNG水路运输和公水(铁水)联运,配套建设LNG接收站码头和储罐,采用LNG罐箱分拨,实现江海直达、铁水(公水)联运、一罐到底,以更高效率、更具经济性地保供地方,同时为船用LNG方便加注提供基础条件。

3. 完善LNG多式联运体系。在长江流域以LNG接收站为转驳中心,以集装箱中心站和物流枢纽为分拨节点,以各地能源企业、工业企业和居民为资源终端用户,构建天然气"管道、铁路、水运、公路"多式联运体系,以LNG罐式集装箱为主,构建清洁能源"门到门"服务网络。

4. 借助"气化长江"工程,真正实现"气化乡镇"。铺设天然气支线到沿岸集镇,延伸天然气的覆盖面积,实现"市市通,县县通,镇镇通"。既缓解当地能源供给不足的矛盾,同时为当地发展注入强劲绿色动力,推动长江经济带更好更快更加绿色和谐发展。

5. 激发市场活力,给予油改气的长江船舶补贴。长江水系内河运输船舶约13万艘,基本以柴油为动力燃料,按照1/10的船舶进行升级改造,将可直接产生约150亿的产值。油改气后,以液化天然气(LNG)作为船用燃料,可减少二氧化氮排放量80%,降低二氧化碳排放量25%,减少二氧化硫以及颗粒物排放量100%。

在谈到如何写出好的社情民意信息稿件时,刘浩说了如下体会:

第一就是要密切关注"两点"。他说,要拨开繁杂的社会现象,抓住

"热点"和"焦点"不放松。在具体工作中：一是紧紧围绕当前党委、政府的中心工作，做到建言献策有的放矢；二是紧紧围绕人民群众普遍关注的问题进行选题，及时准确地反映群众的意见和诉求；三是紧紧围绕改革、发展和稳定的大局，注意收集和反映社会生活中苗头性、倾向性和典型性的新情况、新问题；四是紧紧围绕党派特色，选择和反映其他渠道难以得到、不易反映的信息。

第二就是要认真把握"四度"。刘浩指出，首先，要选准"角度"。选择贴近社会、服务社会、造福群众的角度，提炼所获取的信息，进行有价值、有创见的分析。其次，要站在一定的"高度"。不仅要运用好各种科学知识分析问题，解决问题，而且要学习党的大政方针、科学理论、法律法规，从全局出发，以大局为重，努力为党委、政府出谋划策。第三，要有"深度"。将掌握的社情民意进行综合分析，归纳、总结、整理出那些事关全局、带有普遍性、共性的问题，有针对性地提出解决问题的建议、意见。第四，要"适度"。客观、全面、真实地反映情况，实事求是，不夸大，不缩小，不曲解。

二、需要"互补"

2013年2月6日下午，习近平总书记和各民主党派中央、全国工商联新老领导人及无党派人士代表欢聚一堂、共迎新春时说，要继续加强民主监督。对中国共产党而言，要容得下尖锐批评，做到有则改之、无则加勉；对党外人士而言，要敢于讲真话，敢于讲逆耳之言，真实反映群众心声，做到知无不言、言无不尽。执政党没有意识到、不好提的问题，参政党应该指出来、说出来，起"互补"的作用。

但是，冷静客观地分析民主党派参政议政形势，还存在一定问题，阻碍了民主党派更好地参政议政。既有民主党派自身问题，又有外部的客观因素，既有历史问题，又有不同时代的具体问题。

民主党派通过反映社情民意信息参政议政，空间非常广阔。但是目前的整体来看，需要进一步推动。

由于时代演变，一些民主党派的新成员对民主党派历史了解不多。

民主党派在历史上的标志性事件也很少在课本上出现,致使一些党派成员对中国共产党的了解,多于对自己党派历史的了解。民主党派成员对民主党派在政治文明建设的职责使命不明确;对于中国共产党领导的多党合作与政治协商制度的重要性缺乏深刻认识,不知道民主党派在发挥政治民主上的重要地位。认为谁执政谁负责。

民主党派成员大多数是知识分子、技术专业人才,虽然在自己的领域内是专家、学者、权威,但对社会政治的关注并不够。虽然有社会活动能力,但缺乏全面系统地看问题的能力,因而对一些重大的宏观的问题难以提出建设性、全局性意见和建议。民主党派成员在政府部门任职的数量少,很难从政府的视角来考虑分析问题、提出有针对性和可操作性的对策建议。民主党派成员参政议政难以在宏观方面提出较高层次的建议。从外部的因素看,尽管在参政议政中各民主党派提出了许多富有价值的意见建议,产生了良好的社会效应,但是从整体上看,参政议政能够站在经济社会发展大局的高度,帮助党委、政府谋大事、想要事、解难事,具有真知灼见的高质量高水平的建议还是相对缺乏。

三、空间广阔

2022年新冠疫情袭扰时,为确保广大师生安全和健康,上海各级学校开启线上教学模式。停课不停学背后,学生能否适应?教学要达到怎样的效果?毕业年级的同学们面临着哪些压力?学校和老师又有什么难处与期望?

众多民进会员战斗在教育这条隐形的抗"疫"战线上,办实事、建真言。

据民进网报道,2022年4月29日,在民进中央副主席、民进上海市委会主委黄震的号召下,民进上海市委会召开了一场特别的疫情防控座谈会。出席会议的有教育主管部门的负责人,有公办、民办学校的一把手,还有在教学一线耕耘的教师代表。疫情发生后的近两个月间,大家片刻不停歇,组织教学、协调考务、关爱学生、服务保障,克服了种种困难,确保教育教学不止步。

在会上,大家谈论最多、最最牵挂的还是学生——长期宅家上课,身心是否健康?体锻如何保证?视力何以保护?随着疫情形势的变化,能否有序复课为社会复工复产做好配套保障?还有中小学校园被征用、托幼机构长期停课、老师线上备课的实际困难,等等。与会会员坦诚交流、务求实策。

座谈会后,民进上海市委会参政议政部门,就校园防疫、学生身心健康、关爱教师队伍、办学机构运营、德育教育等角度,梳理汇总出八条建议,第一时间报送有关部门,供决策参考。

与此同时,上海民进各级组织和广大会员通过社情民意信息的形式,积极建言献策。他们分别就封闭管理期间改进上海大学生学习生活管理、高校毕业生就业、返乡、疫情期间学生身心健康、学校隔离点管理、教学资源保障等工作,以及学校外籍教师的实际生活情况,提出了多条建议。上海2022年疫情发生之后,截至5月7日,民进上海市委会共收到抗疫主题的社情民意信息1 083篇,采纳768篇。这些建议,有的被上海市政协采纳并获得市领导批示,有的获得有关部门的关注与重视。据不完全统计,被民进中央、上海市政协、中共上海市委统战部采用68篇,获市领导批示31篇。

在民进上海市委疫情防控座谈会上众人谈到,疫情的发生给大家的生活工作带来了无数的不确定性,如何应对这种不确定性,是一道难题。破解难题,一是要更新观念,审视以往"以不变应万变"的思维模式,增强风险意识,在变化中找寻生长点;二是要坚持底线思维和系统观念,从错综复杂、瞬息万变的现象背后发现其根本的逻辑,找寻事物变化的意义;三是将变化看作是一种机遇,变换角度看待问题,持之以恒地开展研究和探讨,在不确定性中努力探寻光明的未来。

综上可见,时政类社情民意信息需要有政策性观点,即对某项政策、方针提出看法,并对某一个具体问题提出建议,对重大问题提出见解,表达自己看法。以下所列社情民意信息《关于促进文艺精品创作的建议》可供参考:

关于促进文艺精品创作的建议

一、XX当前文艺工作的现状

XX共有文艺家协会8个,会员1202人,其中国家级会员18人,省级会员126人。XX文艺地域特色比较明显,于2008年创建了"中国书法之乡",XX村正创建中国民俗之乡,正在培育文艺品牌。建设了书法特色学校9所、美术特色学校5所,打造了一些文艺基地。对外交流形式多样,与XX达成长期合作协议,每年举办XX文化交流周活动,与XX每年举办一次书法展。各艺术门类纷纷走出XX,到全国各地进行演出交流活动。坚持艺术服务群众,广泛开展各种文艺活动,2016年,仅舞蹈家协会就开展各类演出133场次。精品创作成果丰富,2016年,共有50多件作品在国家级、省市级组织的展演中获得奖励。

二、XX文艺精品创作的困境

精品创作体现一个地方的文艺发展水平。XX也在实施文化强市战略,对艺术创作进行扶持,设置了XX文艺奖,激励精品创作,促进了文艺创作热情,但在文艺精品创作上还有一些困难。

一是团队合作创作机会少。XX的文艺创作主要是个人创作,各自为战,而很多艺术精品往往需要一个团队进行分工协作。2015年,XX援建XX等地,美术家协会就组织一个团队,创作了大型作品。现在团队合作的机会非常少,没有项目支撑,没有经费保障,无法发挥团队的作用,一定程度上影响了精品创作。

二是前期费用投入难以解决。有的艺术创作需要前期经费投入,比如维护运行的费用、聘请人才的指导费用等。现在的鼓励机制是要有成果,比如进入XX"五个一"项目,就有经费投入。对艺术创作而言,有着很大的弊端,艺术创作前期经费周转困难,并且每个精品创作并不一定都会成功,前期经费投入的风险比较大,也就不愿意进行创作。

三、促进文艺精品创作的建议

一是提供文艺精品创作平台。结合XX的经济社会发展大局,建议多增加一些文艺项目。XX的文化项目,在政策规定允许的情况下,多用本土的艺术资源。通过文艺项目,增强文化软实力,提升艺术发展水平,也为艺术工作者提供集体创作机会,锻炼文艺队伍,增强合作意识。

二是优化精品扶持机制。健全文艺精品创作申报机制,由艺术工作者申报项目,组织相关专业人士对项目进行综合评估,对可实施的项目进行立项,予以经费保障,根据项目进度和效果,分阶段进行预付费用,保障精品创作正常运行。并建立经费管理、效果评价、项目终止、奖惩措施等相关配套制度,规范文艺精品创作项目运行。

第二节 民主监督类

一、民主监督

民主监督是我国《宪法》赋予公民的权利,是我国公民对国家机关和国家工作人员,有提出批评和建议的权利;对国家机关和国家工作人员的违法失职行为,有向有关国家机关提出申诉、控告或者检举的权利,但是不得捏造或者歪曲事实进行诬告陷害。

我国《宪法》第四十一条还明确规定,"对于公民的申诉、控告或者检举,有关国家机关必须查清事实,负责处理。任何人不得压制和打击报复"。

二、民主监督途径

(一)信访举报制度

信访举报制度,是行使我国宪法所规定的提出批评建议、申诉、控告和检举权利的重要途径之一,是在国家生活和社会生活中实行民主监督的有效方法。

(二)人大代表联系群众制度

人大代表联系群众制度,能够使公民行使监督权,使民主监督得以真正落实,得到切实保障。

(三)舆论监督制度

舆论监督以透明度高、威力大、影响广、时效快,在监督中发挥着独特的作用。

(四)新的监督方式

新的监督方式监督,如听证会、民主评议会、网上评议,等等。

三、民主监督形式

（一）"依法参与民主选举"是公民政治参与的最基本的方式，也是有效行使民主监督的途径之一。

选举制度是整个民主制度的基础，没有选举就没有民主。但是我们还应该明白："任何一个国家的选举制度，都是根据其国情制定的。选举制度从根本上来说，受国家政治制度和经济制度的制约，受国家的经济发展水平和文化发展水平的制约。"

1. 我国选举的特点：1）普遍性和平等性原则；2）民主性——直接选举的范围逐步扩大，差额选举，任何选民或代表三人以上即可推荐代表候选人；3）对代表有监督和罢免程序；4）无记名投票与举手表决相结合；5）保证少数民族人大代表选举名额，逐步提高妇女代表的比例；6）选举实行"一人一票"原则。

2. 直接选举和间接选举

（1）直接选举，是指由选民直接投票选出国家代议机关代表和国家公职人员的选举。

（2）间接选举，是指不是由选民直接投票选出，而是由下一级国家代议机关，或由选民选出的代表（或选举人）选举上一级国家代议机关代表和国家公职人员的选举。

（3）为什么要采取直接选举和间接选举结合的方法？

我国有十四亿人口，全部实行直接选举，无论在技术上、经济上、全民素质上都还不具备条件。直接选举是民主程度更高的体现，但民主的发展是受经济、文化条件制约的，因此直接选举的扩大是一个逐步实现的过程。

我国选举法规定采取直接选举和间接选举相结合的原则，即县级以下的人大代表实行直接选举，县级以上的人大代表实行间接选举。

在间接选举中存在多个层次：一般情况下是由县级人大代表选举省级人大代表，省级人大代表选举全国人大代表。如果存在地级（如设区的市、自治州）人大代表的，则由县级人大代表选举地级人大代表，再由地级人大代表选举省级人大代表。

（二）"依法参与民主决策"是公民政治参与的重要方式，也是有效行使民主监督的途径之二

公民参与民主决策方式主要有直接和间接决策两种：

1. 依法间接参与民主决策

主要是公民通过选出的人民代表，参与国家各项事务的决策。可以通过人大代表将自己的意见带入决策过程，也可以依法以意见和建议的方式表达出来影响决策。在全国各地，几乎每天都有国家权力机关的有关机构就法律的制定和实施向公众征集意见和建议，举行听证会，邀请各个阶层的人士开展讨论。还有社情民意反映制度、重大事项社会公示制度、社会听证制度、专家咨询制度等，使公民有各种机会间接参与民主决策的过程。

2. "直接参与民主决策"

包括三条途径和方式：1）通过村委会和居委会组织，公民可以直接参与基层民主决策，管理与自己有关的事务；2）通过各种职工代表大会，公民也可以就企事业的发展和自身的合法权益问题，直接参与民主决策；3）通过工妇青等组织就相关的问题直接参与民主决策。

（三）"民主管理"是公民政治参与的重要方式，也是有效行使民主监督的途径之三

1. "间接管理"

公民通过选出的代表参加间接管理。公民也可以对具体公共事务提出意见和建议，来间接参与管理。例如：2004年10月，上海在公开讨论《上海未成年人保护条例（草案）》的过程中，学生、老师、家长以及社会各个方面人士都提出了许多意见和建议，这是公民间接参与未成年人保护工作民主管理的生动体现。

2. "直接管理"

公民通过各种途径和形式，直接管理国家事务、经济和文化事业、社会事务。比如：1）在行政、企业或事业单位工作，实际上就是分别在参与管理国家事务、经济和文化事业、社会事务；2）公民还可以通过村委会和

居委会组织实行基层自治;3) 还可以通过各类社会组织管理与自身密切相关的各项事务。比如,通过居委会,居民可以管理社区中的各项事宜。

(四)"民主监督",是公民依法参与政治途径之四

公民参与监督的必要性:为了使国家机关及其工作人员正确(合法合理)行使权力,更好地全心全意为人民服务。国家机关及其工作人员的违法和失职行为,应该受到公民的监督。他们的权利是公民委托的,他们必须对公民负责,公民当然有权对他们是否"使用得当"进行监督。关键是如何监督。

四、公民参与监督的方式

(一)公民通过监督机构进行监督

比如,检察院及其所设置的反贪局、行政监察机关、政府法制部门内设置的行政执法监督机构、审计监督机关、"财务、物价和税务三查办公室",还有党内的纪委,以及各企事业单位内部所设置的各种监督机构,比如工会财经监督小组,等等。

(二)公民直接开展监督

公民的直接监督是各种监督机构发挥监督作用的基础。舆论监督则是公民直接监督的一个有效组成部分。公民直接监督主要有以下几个方面:批评;建议;控告;申诉;检举。

综上所述,民主监督类的社情民意信息主要是对一些有损公序良俗的事件或现象提出批评,以此提醒党政部门予以关注,并就这些问题提出解决问题路径,以期有关部门解决。如《关于加强城市高层小区高空抛物治理的建议》就是一例:

关于加强城市高层小区高空抛物治理的建议

近年来,有关高空抛物导致人身伤亡和财产损失的新闻屡见不鲜,引发了社会公众的高度关注,虽然,我国将高空抛物这种危险行为列入《刑法》,在更大程度上释放法律的警示功能倒逼人们自警、自律、自制。

但高空抛物现象仍是屡禁不止，主要有以下几点原因：一是法律安全意识淡薄。高空抛物的主体分为未成年人和成年人。未成年人多是无意识抛扔（儿童），或家长对子女缺乏相应的监护管理和安全教育；成年人则是为了图方便故意为之，漠视他人人身财产安全，存在侥幸心理。二是取证和管理难度大。多数居民小区没有设置高空抛物监控录像，侵权人为逃避责任而不主动承担损害结果，造成难以取证，扩大赔偿范围，让"全楼背锅"买单，从而增加了社会不和谐因素。同时，物业公司作为小区的管理部门，没有强制约束力和处置力，无法从根源上有效解决和遏制高空抛物行为的发生。为此，建议：

一是加强宣传引导，增强公德意识。政府有关职能部门要通过电视、网站、微信公众号等形式强化宣传教育和曝光力度，让居民切身实地地感受和认识高空抛物的危害性，提高法治公德意识，自觉抵制高空抛物。要加大对小区物业的指导，向居民业主发出倡议，在小区楼栋入口处、停车库、健身器材等贴出防范高空抛物的温馨提示，切实负起监管、劝导责任。

二是合理安排资金，加装监控设备。以打造"智慧城市""智慧安防小区"为契机，将防治高空抛物纳入政府为民办实事的具体规划。通过街道、社区组织对管辖高层小区（含临街居住楼或业主自治小区）监控探头的安装数量、位置进行调研摸底，制定统一的资金筹措方案，在政府、小区物业、居民之间进行合理配置。适当调整仰拍角度，在避免侵犯居民隐私的前提下，将两层楼以上的窗户和阳台纳入监控范围。

三是强化部门联动，推进综合治理。要加强多部门联动管理，发挥各自职能优势进行综合整治。对于高空抛物坠物造成实质损害的，应快速有效依法严肃惩处，以彰显法律震慑力；未造成实质损害的，对侵权人视情节给予批评警示教育，或给予罚款、拘留等治安处罚。

第三节 时政表态类

时政表态,就是在每年的重大节日、纪念日、活动日等时间节点,和国家领导人发表重要讲话、重大事件等随机节点,发表自己意见,表明自己立场;对一些突发事件和社会热点问题提出自己的看法,或发表自己的言论。与其他言论一样,时政表态类社情民意信息也由论点、论据、论证三个要素组成,除了具有政策性、针对性、准确性外,还要求立意新颖、论述精当、文采斐然。

一、观点是时政表态的灵魂

时政表态就社会时事、社会现象展开议论,因此,观点就显得十分重要。在行文时,务必注意以下几点:

1. 由某种现象展开话题,阐述对这件事的观点。

2. 分析这件事对社会、人们、对自然等的影响。

3. 提出建议或希望,这其中的意见应该越具体越好。

二、把握时政表态的种类

时政表态的种类较多,认清并把握这些种类的特征,对于写好时政表态甚为重要。

这些种类是:

1. 按时政表态对象的内容分类,有政治表态、军事形势表态、经济形势表态、社会动态表态、文教状况表态、国际时事表态。

2. 按时政表态的类型功用分类,有鼓舞型表态、批评型表态、论战型表态等。

3. 按时政表态写作的角度分类,有立论性表态、驳论性表态、阐述性表态、解释性表态、提示性表态。

4. 按评论的形式分类,有社论、编辑部文章、评论、评论员文章、短评、思想评论、专栏评论、新闻述评、论文、漫谈、专论、杂感等。

以上这些种类,各有特征、特点,可参考下面这篇范文学习、借鉴。

同心共圆中国梦!

上海宣传系统党外人士热议党的二十大报告

10月16日上午,上海宣传系统广大党外人士认真收听收看习近平总书记在党的二十大开幕会上的报告。报告全面总结了新时代以来以习近平同志为核心的党中央团结带领全党全国各族人民坚持和发展中国特色社会主义取得的重大成就和宝贵经验。习近平总书记的报告高屋建瓴、思想深邃,在宣传系统广大党外人士中掀起热议,大家一致表示,中国共产党领导的多党合作和政治协商制度不断彰显巨大的优越性和强大的生命力,各民主党派、无党派人士要更加紧密地团结在以习近平同志为核心的中共中央周围,始终不忘与中国共产党合作初心,始终同中国共产党想在一起、站在一起、干在一起,继续做中国共产党的好参谋、好帮手、好同事,形成同心共圆中国梦的强大合力。

无党派人士,著名京剧表演艺术家、上海京剧院艺术指导　尚长荣:党的第二十次全国代表大会今天胜利开幕了。我在第一时间聆听了习近平同志所作的报告。报告全面回顾了十九大以来各行业发展的成绩,提出了未来发展的目标。在文化发展方面,他强调了坚持创造性转化、创新性发展,要以社会主义核心价值观为引领,发展社会主义先进文化,传承中华优秀传统文化,不断提升国家文化软实力和中华文化影响力。回顾这十年,在文化建设方面,党中央高度重视,特别是2014年习近平同志主持召开的文艺工作座谈会,强调了文化在整个社会发展中的分量,极大地增强了文艺工作者的文化自信和文化担当意识,给了我们每一位从业者一颗实实在在的定心丸。2020年10月,习近平同志在给中国戏曲学院的回信中提到,繁荣发展戏曲事业的关键在人,"守正创新"是为关键。这十年里,利于戏曲发展的一系列政策应运而生,它们是实际的、及时的、积极的、充满希望的,也让从事传统文化的我们有了更多的底气和魄力。作为戏曲人,在报告和一系列政策的激励、感召和鼓舞下,我们会继续坚定地夯实传承、坚持文化自信,重视剧目和人才建设,在守正创新的基础上用心、用情、用力地做好本职工作。我相信,汇小溪于大海,融山川于江河,定能迎来社会主义文化事业的大发展、大繁荣!也定能铸就社会主义文化的新辉煌!

全国政协委员,无党派人士,上海芭蕾舞团团长　辛丽丽:在党的旗帜引领下,作为新时代党的文艺工作者,我们承担着记录新时代、书写新时代、讴歌新时代的重大使命。在上海市委宣传部的工作部署下,在上海大剧院艺术中心的直接领导下,我们要始终坚定文化自信,坚持以人民为中心的创作导向,以芭蕾语汇用情用力讲好中国故事,创造社会主义文化新辉煌,共同建设社会主义文化强国。不忘初心,砥砺前行,带领上海芭蕾舞团这一支始终坚守在文艺第一线的队伍坚持"艺术为人民服务、为社会主义服务"的方向,守正创新,创作出更多无愧于时代的文艺创造,为时代放歌,为人民起舞!

市人大代表,民革市委委员,上图情报所历史文献中心副主任　沙青青:当今世界正经历百年未有之大变局,我国正处于实现中华民族伟大复兴关键时期。在民族复兴与百年变局的重大关口,中共二十大报告是科学谋划未来5年乃至更长时期党和国家事业发展的目标任务和大政方针。民主党派理应发扬自身特点,做好调查研究,通过中国特色政治协商制度,积极为中华民族伟大复兴献计献策、贡献力量,围绕中共二十大绘制的宏伟蓝图、确立的奋斗目标和作出的战略部署,心往一处想、劲往一处使。身为基层的党外人士,更要响应相关号召,立足图情事业,以本职岗位为基础,在践行党的统一战线事业上展现新作为。

市政协委员,民革党员,上海博物馆青铜研究部研究馆员　周祥:习近平同志代表十九届中央委员会所作的报告,为今后党和国家的事业发展提出了新的目标和要求,阐释了中国现代化的特点和实现途径,吹响了中华民族伟大复兴征途上的新号角。作为传承中华传统文化的博物馆和文物工作者，要通过文物，加强学术研究，创造传播新形式、新方法和新途径，走进社会，接近民众，进一步提高中华优秀文化的传播力，使人们更好地了解和认识祖国灿烂的历史和文化，进一步开展国际合作，讲好中国故事，提高中华文化的影响力，使我们的工作不负党的要求，不负人民的期望，将社会主义文物博物馆事业推向新高度。

市政协委员，民盟上海社科院委员会主委，上海社会科学院经济研究所副所长　韩汉君：学习习近平总书记在党的二十大上的报告，其中特别关注到我国对进一步全面开放的坚定决心，更加增强了对我国持续开放的信心，更加深刻地认识到，构建以国内大循环为主体、国内国际双循环相互促进的新发展格局，是根据我国发展阶段、环境、条件变化作出的重大决策。构建新发展格局是开放的国内国际双循环，不是封闭的国内单循环；以国内大循环为主体，绝不是关起门来封闭运行，而是通过发挥内需潜力，使国内市场国际市场更好联通。实行高水平对外开放、实现高质量发展，是构建新发展格局的应有之义。

民盟中央青委委员、民盟市委常委、民盟上海戏曲艺术中心委员会主委、民盟上海京剧院支部主委，上海京剧院一级演员　傅希如：今天收看了党的二十大开幕式直播，总书记所作的报告中强调，要建设社会主义文化强国，并且要坚持创造性转化、创新性发展，传承中华优秀传统文化，不断提升中华文化影响力。作为戏曲人，我倍受鼓舞。自十八大以来，党中央高度重视中华优秀传统文化的继承弘扬，接连出台了一系列支持戏曲艺术传承发展的重要文件，为我们激发创新创造活力、繁荣发展戏曲艺术营造了良好的政策环境。近几年，我也有幸参与了不少优秀的新编现代京剧作品的创排，并进行了一些将京剧和其他艺术表现形式、新技术相结合的尝试。文艺战线是党和人民的重要战线，在增强中华民族伟大复兴的精神力量方面发挥着积极作用，我们作为文艺工作者，重任在肩、义不容辞。我将继续秉持习总书记提出的"守正创新"理念，不忘初心，不负使命，坚持以人民为中心的创作导向，努力参与更多优秀作品的创作，讲好中国故事，为增强中华文明传播力，推动中华文化更好走向世界，贡献自己的力量。

全国青联委员，致公党上海广电支部主委，上影集团创作编剧　甘世佳：总书记在二十大报告中就文化领域指出要"推进文化自信自强，铸就中国特色社会主义文化新辉煌"，提出要建设"民族的、科学的、大众的社会主义文化"。这对于我们文艺创作工作者而言，是新的要求和新的使命。我们要在文艺创作中，始终坚持以人民为中心的创作导向，努力争取"展现可信、可爱、可敬的中国形象"，推动中华文化更好走向世界。

九三学社社员，中国福利会国际和平妇幼保健院副院长　王彦林：今天听习总书记二十大报告中提到绿水青山就是金山银山理念践行的巨大成功，心中十分感慨。10年前正是国家处于改革开放快速发展的阶段，雾霾天比较常见，这种现象引起了党中央的高度重视，开创性地把马克思主义历史辩证思维应用于经济发展与环境保护的关系中，十年后的今天梦想已经照进现实，"天更蓝、树更绿，水更清"，而且人民更富裕，国家更强大，才能让我们有实力有能力坚持"动态清零"的抗疫"战争"，能够取得举世瞩目的成绩，真切践行了党的"人民至上，生命至上"的原则！

民盟盟员，市社联科研组织处二级主任科员　张腾腾：总书记的大会报告立意高远、视野开阔、理论性强，提出了"中国化时代化的马克思主义行""全过程人民民主是社会主义民主政治的本质属性""以新安全格局保障新发展格局"等重大论断，明确了中国式现代化的本质要求，科学阐释了"举什么旗、走什么路"的问题，令人振奋。政治上的坚定来源于理论上的清醒，作为一名社科工作者和民主党派成员，下一步要学透学深报告，结合现实，领悟其中蕴含的道理、学理、哲理，立足岗位做好本职工作，不断提高参政议政能力，为繁荣哲学社会科学贡献自己的一份力量。

（摘自火红的党旗，2022年10月16日19时20分分发表于上海
来源：市委宣传部基层工作处（统战处））

三、时政表态类社情民意信息写作需注意的问题

（一）表态注重针对性

需要明确回答的主要思想，解决的实际问题，运用马克思主义的立场、观点和方法，通过具体的科学的分析，实事求是地给予说明、回答和指导，避免泛泛而论。

（二）表态论点要新鲜

就一篇时政表态的社情民意信息而言，表态是观点，是灵魂。表态不新鲜，或者和媒体上发表过的相雷同，人家看了开头就兴味索然，不想看下去了。

（三）表态要有典型性说服力

表态的论据，就是用来阐明观点的事实和有关材料。论据，既是表态的依据，又是表态判断和推理的基础，因此，精心挑选作为论据的事实，至关重要。

（四）表态说理要有深度

写作时政表态类稿件时，要在说理上下功夫。一篇表态文章，说理有无深度，往往关系到它的成败。深度，具体说就是有一定的思想、见识。要有新的看法、新的建议和主张，不能"炒冷饭"，把别人已经说的观点再重复一遍，那是没有读者的。

此外，时政表态文章写作还要注意写得平易近人，力避老话套话空话，力求有点文采。要切实做到这一点，需要把自己的语言文字功夫锤炼好，多读经典著作，并多写多练，不能满足于一时的成绩。唯其如此，才能把时政表态文章写得精彩动人。

延伸阅读

撰写社情民意信息要在切入点选择上下足功夫

任 雁

近年来,我参加反映社情民意信息相关的培训或沙龙较多,经常听大家谈反映社情民意信息心得体会,最多最深的体会恐怕可归结成一个字——"难"。

社情民意信息难写,不是说需要有多好的文笔,用多么朗朗上口的语句,而是难以找到切入点,不知道写什么。面对新的政策、新的情况,总觉得素材支撑不够,没有东西写;面对老的问题,又觉得早被别人写滥了,写了也不会被录用。我接触反映社情民意信息工作的时间不长,就不揣浅陋谈谈信息切入点的选择问题。

面对"新问题",找准"小角度"

即针对国家出台的新政策、创新的新举措、设立的新试点等,以小角度入手,撰写社情民意信息。但所谓的"小角度"不是单纯从自身角度出发,简单地反映在工作中遇到的问题和难处,而是要将问题放大到全省乃至全国层面,通过横向纵向的比较,在领导切实关心的普遍性问题中寻找侧重点入手。如国家新出台的政策,往往因其无法全面兼顾各地区、各行业实情,造成推进落实过程中的"不接地气"和难以"获得",在撰写社情民意信息时,可结合本地实情或选取其中一个行业,由点及面,折射出政策难以落地的真正原因。

在数字经济大背景下,我撰写了《基层反映小微企业数字化转型遭遇四大"卡脖子"问题亟待引起关注》,以小微企业信息化转型缺乏顶层设计,在政策倒逼下,盲目跟风,造成部分信息化设备沦为摆设为角度;撰写了《基层反映5G建设一揽子推进恐导致设备未用先衰亟待引起关注》,以政府在推进5G建设过程中,追求基站数量却缺乏应用场景的同步建设,造成很多设备无用武之地为角度。在国家频繁出台多项政策,支持民营经济发展壮大,各地持续推出"三服务""驻企服务员"等举措,加码企业服务力度背景下,我撰写了《基层反映民企扶持政策落地面临"自拉自唱"窘境需警惕》,以政府开展企业服务存在挑肥拣瘦,频繁走访优质民企暗存形式主义为角度;撰写了《基层呼吁省31条举措要进一步结合具体行业和市场情况出台细则提升企业获得感》,以生物医药行业在增加生产性经营范围时间上与获得奖补时间不匹配,导致难以获得政策奖补为角度。选取小角度,折射出背后存在的普遍性大问题,不但可以增加信息数量,还可以很好地避免人云亦云,提高信息质量。

面对"老问题",寻找"新角度"

都说专业的事要专业的人做,在自己擅长的领域撰写社情民意信息往往可以事半功倍,但就单个领域来说,每年都出台新政策、创新新举措的概率并不大,在"老问题"上寻找"新角度",不但可以为我们撰写信息开辟新思路,也可以让自己一直处在自己熟悉的舒适领域。

在企业融资难、融资贵问题上,我撰写了《基层反映民营企业融资遭遇隐规则蚕食中央红利亟需引起关注》的信息,以经过数字化转型、绿色化提升的优质民营企业依然难以获得融资为角度撰写,反映了银行等金融机构巧设附加条件,暗打时间差,压缩政策红利的问题;又如在政府连年开展企业减负降本,企业经营成本却依然居高不下的问题上,我撰写了《基层反映"六稳六保"中减税降负小微企业获得感不强亟待引起关注》的信息,选取了企业受"亩均评价"政策影响,担忧税收返退后影响评价结果,对税收返退积极性不高的角度;在企业创新意愿不强、创新维权难问题上,我结合当前企业日益掀起的"走出国门"热潮,撰写了《企业反映产品"走出去"面临产权难保护困境》的信息,选取了国家在国外专利申请领域上的政策空白,企业对国外专利申请、申请程序和后期维权保障都不明所以,导致我国出口产品在国外竞争力长期处于弱势的角度。

抓住节点契机，开展信息报送

抓住每年的重大节日、纪念日、活动日等，诸如高考、两会等重要的、可预见的时间节点，和国家领导人发表重要讲话、重大事件等随机节点，开展信息报送。

如中X建交70周年时，我撰写了《基层反映外资企业在X发展仍有三大束缚亟待引起关注》的信息。诸如这样的时间节点每年都有，善于抓住节点契机，往往能提高信息录用率，实现信息价值的最大化。

总之，我个人的感受是，对于反映社情民意信息工作来说，所有的问题都是新问题，因为时代在更新、情形在变新、任务在创新。只要我们勇于坚持、敢于打破、勤于推翻、善于否定，然后用一双时刻能发现"新"的眼睛，在源源不断的"新"问题中，以变应变，民主党派的社情民意信息一定可以为党委和政府科学决策提供有益参考。

（作者系民进绍兴市市直机关支部会员，现就职于绍兴市经济和信息化局）

民进网 2021 年 5 月 25 日发布

04 第四章
社情民意信息的选题

选题是社情民意信息所要反映的内容。社情民意信息的选题，不等于题目。选题规定一篇社情民意信息的反映对象和反映范围；题目对于社情民意信息，就像人的名字有不同寄托一样，可以承担各种各样的任务。总之，选题是选题，题目是题目，把二者简单等同起来，势必影响对选题的确切理解，也影响题目更好地发挥自身的作用。

社情民意信息信息要得到领导或党政部门重视，取得理想效果，恰当的选题十分重要，因此要善于捕捉反映社情民意信息的"线索"，掌握了有价值的线索，才能从中去粗取精，去伪存真，提炼出有价值的社情民意信息选题。

第一节　善于捕捉社情民意信息线索

反映社情民意信息,会接触到各行各业的人士,在与他们交流的过程中,会发现许多可供反映社情民意信息的线索。

这里所说社情民意信息的线索,是指可供各级政协委员、各民主党派、人民团体和各族各界人士,积极反映各自所联系群众要求的线索。它是已经发生或将要发生的事实的讯息和信号,是社情民意信息反映者感知甚至认识整个事物的前提和基础。

那么,社情民意信息的线索从何而来?有的社情民意信息反映者是"等靠要",做不折不扣的伸手派:"等"有关单位的会议、活动,"靠"别人反映的情况编写社情民意信息,"要"一些党政部门报送的材料。

其实,社情民意信息的线索存在于我们日常工作生活中,寻找和掌握这些线索,脑子里必须紧绷"事实"这根弦,深入生活、深入实际、深入群众、深入生产第一线,进行调查研究,使自己的"信息库"里装着一大堆情况和问题,这样才能不断发现和积累有价值的社情民意信息线索。

我们认为,社情民意信息线索大致有以下来源:

一、各类会议中找线索

收集社情民意信息的线索,会议信息是其中一道绕不过的必答题。

会议信息又分为几类:一是学习贯彻落实上级会议精神的会议,二是工作会议。切忌写成会议流水账。

二、政务往来中找线索

这里一般指的是上级领导来调研、检查工作,或者接待各种考察团等。这类的工作一般都会有严格的流程安排,包括去哪里、看什么人、做什么事、座谈等。当然写社情民意信息的线索不能只写流程,更要注重实质,特别要关注存在的问题和可能解决的途径。

三、各种活动中找线索

各级政协委员、各民主党派、人民团体和各族各界人士,会参加很多形式的活动,包括政务类的,如禁毒、扫黄打非、扫黑除恶和政治任务类活动等,还有文艺类活动,如送戏下乡、演唱会、歌舞比赛、文艺晚会等。

四、好人好事中找线索

传递正能量、讲好地方故事是各级政协委员、各民主党派、人民团体和各族各界人士的责任,用身边的好人故事去感染身边的人。当然,选择这类的题材,一定是具有代表性的、经得起时间考验的人。不能今天上报了社情民意信息,明天就出事了,那是打脸。

五、新鲜有趣中找线索

有趣、有料,是社情民意信息的另一个视角。在工作中、在群众中,总会有各种各样新鲜、有趣的事情发生。有些真实的小故事本身就像一篇哲理小文章,读起来会心一笑,又引人思考。

六、产业发展中找线索

各级政协委员、各民主党派、人民团体和各族各界人士,跟各级党委政府一样,工作也是以经济建设为中心的,无论是工业为主还是农业为主或者文化旅游业,或其它行业,都需要向外界展示自己的实力和形象,这也是社情民意信息反映者需要着重挖掘的内容,进而在不同的产业中寻找到新的线索、推进产业发展、改善其生产和经营环境。

七、群众心声中找线索

群众生活永远是社情民意信息的主角。多跟群众打交道,一定会使社情民意信息线索源源不断。例如道路不通出行难、农产品销售难等等，通过社情民意信息的反映能帮他们解决困难，也是各级政协委员、各民主党派、人民团体和各族各界人士的职分。

八、突发事件中找线索

一般来说，突发事件都是不好的事件，以前的做法会尽量地瞒着不造成大的影响。但现在移动互联网发达，瞒着反而会造成自己的工作被动，不如主动出击，反映事件的真相，让谣言没有滋生的空间。

九、网络舆情中找线索

网络是虚拟的，但是网络舆情却是真实的，需要集中精力加以应对。比如"两会"引人关注，在这一时间段，就应该结合本地发展实际及时将自身的思考向上级部门反映，可以向领导提供参考。

十、本职工作中找线索

工作场所是发生、接触各类关系最密集的地方之一，也是参政议政最密集的社情民意信息线索的采集点。在这样的采集点中，要防范"熟视无睹"的倾向，即对于本单位或工作中了解的社情民意信息线索，接触多了就感觉不到新奇，因而也就不能从参政议政的角度进行剖析。

总而言之，社情民意信息的反映，对于老手来说会有一定的套路，根据这十个方面去挖掘，基本能找到源源不断的线索。而对刚刚从事社情民意信息的反映者来说，却是无招胜有招，信手拈来都可写出一篇好的社情民意信息。当然，这需要长时间的锻炼、打磨、积累，自成资料库。

从上述十个方面找寻社情民意信息的线索，一定要做生活中的"有心"人，工作中的"有情"人，脑子里始终紧绷"事实"这根弦，深入第一线，进行调查研究，使自己的"信息库"里装满"线索"。

上海市崇明区民进会员嵇开明在履职的道路上始终充满热情。多年来，他走访调研脚步不停、社情民意写作不停、建言献策发声不停。

近年来，他共撰写社情民意120余篇，调研报告及专项民主监督报告6篇，参与民进上海市委参政议政调研课题研究1项，撰写社情民意信息被全国政协单篇采纳1篇，被上海市政协采纳6篇、被中共上海市委统战部采纳3篇，有关社情民意被上海市委市政府领导批示4次，荣获民进上海市宣传工作先进个人、上海市崇明区社情民意信息工作先进个人、统一战线成员"双岗建功"标兵等荣誉称号，2020年被评选为"民进全国履职能力建设先进个人"。

作为一名民主党派成员，履职既不发工资，也没有考核。嵇开明把开展履职工作看作是一份义务，也当作一份责任。自从入会以来，他始终保持履职热情。用他的话来说，一方面，对民进会员的身份认同，增强了他的归属感；另一方面，民主党派成员参政议政的政治定位，增强了他的责任感。了解社情民意，发现和反映问题，是以自己的力量推动社会进步，是许多非党派人士所羡慕的一件事。所以，保持敏感，乐于较真，做一个有心人，脑子里的选题就不会枯竭。

他所反映社情民意信息《关于简化优化村级党群服务中心墙面宣传发布的建议》，就是其中一例：

关于简化优化村级党群服务中心墙面宣传发布的建议

村级党群服务中心是村两委办公议事和服务群众的主要场所，需要承接上级多个条线的事项落地，可谓千条线一根针。根据上级要求或自身需求，便民服务事项、工作制度流程、驻村人员公示、工作成果展示、网格区块划分等内容都需要上墙发布，导致服务中心内墙面琳琅满目、遍布各类宣传发布内容，办事群众一眼望去无所适从，也极大影响美观。经实地走访调研各地的村级党群服务中心，发现主要存在如下问题：

一是外观样式风格迥异。因不同上级部门分别制作下发，又由于村级办公场所场地有限，在同一间大厅、会议室、活动室，同时存在红色党建、蓝色警务、绿色生态等不同底色，形状、大小、材质均不相同的展板，布满墙面，眼花缭乱。

二是发布内容多种多样。包括公示给村民的便民服务项目、流程，驻村民警、城管队员、市场监管工作人员照片及联系方式，倡导垃圾分类、学雷锋、减肥减药等内容；也包括公示给村两委工作人员看的工作制度、廉政警示、文明服务等内容；还包括风采展示、荣誉展示、工作台账展示等。一些上级部门根据工作需要，将上墙宣传发布内容也作为考核依据，造成村干部只能发布、不敢拆除。一些事项已经上墙多年，内容变更或过期，但很少得到上级部门调换、撤除的通知。

三是占据大量视觉空间。除墙面被大量占据，走廊过道、楼梯台阶墙面一般也被利用。墙面以外，还包括大量的宣传展板、易拉宝、展示架、展示台等载体，将村党群服务中心的内部视觉空间填满。

村党群服务中心是服务群众、传达政策、联系党委政府人大的重要窗口，各条线上级部门都要占据一块宣传发布阵地，本是延伸服务、深入开展工作的好事，但多头管理、互不相干造成办公场所纷繁杂乱，影响了形象，也极容易将本该实干的工作流于形式。为此，建议：

1. 落实部门开展统筹管理。建议由民政或政务服务部门牵头对现状和问题进行排摸梳理，协调对应部门对不必要的上墙内容进行精简撤除，对需要上墙的内容进行风格形式的统一，压缩墙面用于宣传发布的面积空间，美化党群服务中心内部环境。

2. 优化传达形式。改变上墙发布即完成对群众告知的庸政懒政观念，强化村两委工作人员主动服务的意识，落实首长问责任制，根据办事群众需求和对象身份有针对性地开展宣传告知。

3. 强化乡镇条线单位功能，精简下沉事项。强化乡镇农技中心、文化活动中心和城管、市场监管等单位的基层功能，实体化运行人员派驻和工作开展，从根源上减少村级承办事项，从而减少需要在村党群服务中心建立的墙面阵地数量。

这篇社情民意信息是作者在日常工作中发现的问题，反映的是村级党群服务中心需要承接上级多个条线的事项落地，可谓千条线一根针。

他们根据上级要求或自身需求,将便民服务事项、工作制度流程、驻村人员公示、工作成果展示、网格区块划分等内容等全部上墙发布,造成服务中心内墙面遍布各类宣传发布内容,既使得前来办事群众一眼望去无所适从,也极大地影响美观。

作者经过多个地区村级党群服务中心的走访调研,发现这些问题相当普遍。在调查研究的基础上,写成社情民意信息,提出建议,通过民主党派组织上报。

《关于简化优化村级党群服务中心墙面宣传发布的建议》属于非事件类社情民意信息。因非突发,就为精准调研提供了时间,所以内容真实,现象描述准确,问题分析理性,揭示本质清晰,建议精准到位,可操作性很强。这样的社情民意信息,线索来自自己的工作场所,反映的却是普遍存在的现象。既有典型性,又有普遍性。因此,提出的建议就有非常强的针对性,看似提出优化村级党群服务中心墙面,实质是在希望相关政府职能部门精简下沉事项,呼吁为村级党群服务中心"减负"。

我们认为,好的社情民意信息,首先要真实可靠,这是信息的基础。其次要有分量,所反映的问题具有现实意义。当然这个分量也是相对的,并不是说到中央层面的信息才是好信息。第三是要新颖,不能老生常谈,更不能陈词滥调。第四是要能够引起决策者的"动作"。好的社情民意信息能够从领导同志案头海量的信息中脱颖而出,得到关注获得批示。这是比较高的要求,但是作为信息的作者和反映社情民意信息的工作者,要以此为目标,要把劲往这个方向使,要力争让决策者有所"动作"。

第二节　社情民意信息选题的来源

社情民意信息的选题，要以善于捕捉社情民意信息"线索"为基础，就是各级政协委员、各民主党派、人民团体和各族各界人士，在有价值的"线索"之中，选择所要评价的事物和论述的问题，这也是确定一篇社情民意信息所要论述的对象和范围。社情民意信息选好了题，写作也就有了明确的目标。选题是立论的前提。

一、选题依据的五个方面

选题的依据，概括起来有五个方面：

（一）来自"上面的精神"

所谓"上面的精神"，主要来自国际、国内社会的宏观形势，党和政府的重要法律、文件、文告、政策、讲话，党和政府的中心工作以及某个时期新闻媒体的宣传任务。这是社情民意信息选题的重要根据。掌握"上面的精神"，是保持正确政治方向，赢得人们信赖和重视的基本保证。如果离开"上面的精神"，社情民意信息的选题就难免局限于一时一地一事，立足也不可能高瞻远瞩、高屋建瓴。这样的评论，即使方向不错，影响和作用也是有限的。

（二）来自"下面的情况"

"下面的情况"就更加丰富而复杂，既包括现实社会生活中出现的新事物、新经验、新情况、新问题，也包括广大人民群众的意见、愿望和各种各样的看法等。好的社情民意信息往往是对现实生活的聚焦。反映的社情民意信息能否发挥其社会功能，很大程度上与受理部门的接受心理有关。受理部门最乐意接受或者最为关心的就是普通人的现实问题,也就使得从现实生活中选题取之不尽、用之不竭。

(三)来自舆论动向

来自基层、来自群众、来自生活的情况比较复杂,那些准确的、完整的、具有普遍性的情况,固然是社情民意信息选题不可轻视的根据。舆论动向则反映着社会思想在一定时间内的倾向性。社情民意信息选题应牢牢把握舆论动向,这对于协调"官方"和"民间"两个舆论场的关系,发挥社情民意信息润滑剂、减压阀的作用意义重大。举例如下:

建议统计一下还有多少机关干部从来没有下沉过基层

2022年4月30日上午,本市一家日报所属新媒体推出一篇自述式报道,题为《上海一名机关干部自述:十几年来第一次下基层,居委原来在干这些事》,叙述了这名机关干部下沉居委之后,了解了那里的工作,知道了基层的情况。

这篇文章很感人。但感人之余,不得不感慨。

这名机关干部在机关工作了十几年,竟然是第一次下基层。而下基层是党的群众路线的基本内容。群众路线是党的生命线和根本工作路线,贯穿于党的一切工作中。中共中央在2012年12月4日提出"改进工作作风、密切联系群众"的"八项规定精神",至今已有十个年头了。"八项规定精神"中明确要求党员干部到基层调研,深入了解真实情况,总结经验、研究问题、解决困难、指导工作,向群众学习、向实践学习,多同群众座谈,多同干部谈心,多商量讨论,多解剖典型。

从这名机关干部的自述中可以看出,她在党内党外各级组织贯彻落实"八项规定"精神的十年中,也还是第一次下基层的干部。这就不得不让人感慨!

许多人在问:十年来"八项规定精神"在一些机关里究竟落实得怎么样?像这样在机关工作了十几年还是第一次或者从来没有下过基层的干部还有多少?为此建议各级组织部门认真地统计一下,并且制订计划,分期分批落实到基层调研的工作,真正下沉基层,研究问题、解决困难、指导工作。

(四)来自客观形势的要求

随着"全球化"程度的日益加深,国际、国内社会政治、经济、文化间的相互影响不断加大,准确判断和把握内部形势和外部形势是一个国家立足、发展的重要因素。社情民意信息选题把握"面上的情况",离不开对国内社会宏观形势的判断,更离不开对国际社会宏观形势的判断。

(五)来自社会实际生活的需要

社会生活是社情民意信息选题取之不尽、用之不竭的源泉,也是群众观点、群众路线反映社情民意信息实践中的具体体现。举例如下:

改革不能以裁了多少员工为目标

近日,一篇标题为《XX媒体融合关闭10家报刊、51家企业,裁减冗员563人》的微信推文引发人们的广泛关注。

作为直辖市,XX的媒体业务主要集中在市级层面。XX传媒中心组建前,市级媒体相关业务主要分布在6家单位,干部职工总计一万两千余人,所属媒体包括子报子刊16家、广播电视频率频道20个、新闻网站6个、新闻客户端8个、手机报2份,"两微"自媒体账号334个。这场XX媒体融合关闭10家报刊、51家企业,裁减冗员563人。可谓力度不小!

改革发展如果只是以简单的关闭报刊、合并企业、裁减冗员来缓解发展中的困难,恐怕也难以可持续。当然,优胜劣汰是历史发展的必然,但总计有一万两千余干部职工的重组单位,是否只有563名能够裁减的冗员?

为此建议:

1. 改革发展还是要以人为本,要本着对员工负责、对事业负责、对历史负责的态度,不能搞一刀切。

2. 改革发展不应以关掉了多少家单位,压缩了多少个领导职数,裁减了多少员工为荣,而是要从实际出发,从社会稳定出发,最大限度地激发社会劳动生产力。

3. 改革发展要以解决难题为问题导向，要以可持续发展为目标，其中包括留用的员工待遇是否好转、正常的福利是否有保障等等，这些都是广大从业人员息息相关的核心问题，应该有所描述。

二、选题来源的三条途径

（一）从群众生活中挖掘

与群众保持密切联系，倾听群众呼声，反映群众愿望，维护群众利益。平时留心周围群众的情绪和发生的事情，从中发掘有分量、有价值的信息加以整理提炼。

（二）从会务活动中挖掘

会议、调研、考察、视察、座谈等活动既有一定成果，又会在活动过程中发现其他与预定目的不同的现象和问题，这些都能成为可发挥独特作用的选题。

（三）从科研成果中挖掘

许多专业领域的专家和学者，其研究课题既有理论价值又有现实意义。从他们的研究成果中选取某一方面，结合客观实际加以阐述，会是很有价值的信息。

三、选题大致分为三类

（一）事件性选题

事件性选题已成为社情民意信息中的主流。

（二）非事件性选题

不是对某个具体的社情民意信息进行判断，而是通过积累和思考，在许多事实或社会生活的普遍现象中发现共同的、突出的问题。比如：

建议中共党员把佩戴党员徽章作为自觉行为

自中共十九大以来，许许多多共产党员都自觉在外衣左胸中间位置佩戴党徽，在许多场合主动亮明身份，自觉践行"四个合格"，发挥先锋模范作用。据了解，各级中共党组织也非常重视规范佩戴党员徽章工作，进一步引导广大共产党员"学思践悟、知行合一"，时刻牢记共产党员身份，自觉展示先锋形象，使广大共产党员充分认识规范党员佩戴党员徽章的政治性、严肃性，并使之形成常态。

为使共产党员人人牢记"一名党员就是一面旗帜"，主动作为，勇于担当，特提出以下建议：

一、各级中共党员领导干部不仅要在工作、学习期间率先自觉佩戴党员徽章，工作时间之外也应该自觉佩戴党员徽章，在社会活动中亮明身份，接受监督。

二、广大人民群众关注的公众人物，特别是经常出现在公众视野中的电视新闻主播、电视节目主持人等，如果是共产党员，更应该自觉佩戴党员徽章，亮明身份，树立形象。

三、窗口单位和服务行业的共产党员也应该自觉佩戴党员徽章，时刻牢记党员身份，自觉展示先锋形象，自觉接受群众监督。

四、各类学校要对党员佩戴党员徽章情况进行全面自查，教职工中的共产党员工作期间应带头做好佩戴党员徽章工作，工作时间外也提倡佩戴党员徽章；学生党员在校期间，以及在校外组织和参加志愿服务、社会实践活动中，必须佩戴党员徽章。

（三）周期性选题

事件性与非事件性常用"二分法"，而周期性选题是社情民意信息中某种选题的特点，有其自己的特殊规律。

第三节　影响社情民意信息选题的因素

一、主观因素

主观因素是寻找选题者的因素,也就是反映社情民意信息者自身的因素。由于人与人之间的个体差异十分明显,每个人的阅历、个性、生活环境不尽相同,彼此对事物的认识水平、兴趣范围、敏感程度都有一定的差异,这些差异都直接或间接地影响对选题的获得。

（一）认知范围

反映社情民意信息者要选择有价值的事物,只能在进入自己认识范围内的事物中进行。世界上每天都有许多事情发生,各种渠道传播出来的只是一小部分,许多有价值的事实都被错过了,是因为这些都没有进入人们的认知范围。人的认知范围是一个千差万别的动态系统,带有很浓的个人色彩,它主要有两部分组成:一是通过亲身感受现实生活直接获取的信息,也称直接经验;二是通过了解他人的成果面而获得的信息,也就是间接经验。直接经验是反映社情民意信息者的切身体会,主要是他的生活范围,可以用生活圈来概括;间接经验是别人的认知成果,主要是阅读和听到的信息范围,可以用知识圈来概括。生活圈和知识圈是寻找社情民意信息选题的前提,而这二者又都带有明显的个人色彩,因认知范围的大小,喜好的不同,使得社情民意信息选题大不相同。

（二）线索敏感

线索敏感是社情民意信息反映者对事物价值的鉴别能力。什么是有价值的事物,什么是一般事物,这个看起来很容易判断,实际上却很不简单。它体现的是每个人对事物的理解层次，理解水平。政协委员、民主党派成员、人民团体和各族各界人士，都知道要有线索敏感。但是，由于线索敏感完全是个人的一种修养，一种能力，修养够不够，能力强不强，不同的个体会体现出差异。社情民意信息的实践中，经常出现面对同一事物，有的人熟视无睹，有的人却能发现很有价值的选题。许多事实证明，线索敏感在不同的个体身上确实有强弱之分，线索敏感强的人随时随地注意提炼有价值的选题，他们的脑海里总会有源源不断的选题；线索敏感弱的人总感觉到生活太平静，缺少有价值的事物出现，那么，他们的选题就自然少得多了。

（三）工作态度

除了认知范围和线索敏感，影响社情民意信息选题的第三个主观因素是每个人的工作态度。

有的人认为线索和选题是一回事，事实上，这两者根本不是一个概念。线索只是事物某种迹象的表露，能不能成为选题还需要得到进一步的了解和确认，经过确认并纳入社情民意信息上报计划的事物才能成为选题。线索能否转化为选题，客观上在于线索的可靠程度，但人们的主观因素也不可忽视，工作态度就是制约这一转化能否实现的关键。有的事物已经具备了上报社情民意信息的价值，而愿不愿意报道是一个十分现实的问题。

社情民意信息反映者不愿意对有价值的事实进行反映，主要有两方面的影响：一是许多批评性的信息虽然具有很高的价值，但是这类事件的报道会影响一些部门或者一些人的形象，如果对此进行上报可能会遇到一些麻烦，因此就不对此类事件进行反映；二是一些线索虽然有很高的选题价值，但落实到上报信息有一定难度，也不愿意为弄清事实进行多方调查，这都会影响社情民意信息选题的实现。

因此，要克服种种困难，要将广大人民群众利益置于个人利益之上，要根据信息价值客观反映，不要掺杂个人的情绪。

民主党派成员反映社情民意信息都是"兼职干革命"，需要调研撰写，耗时耗力。这实际是反映了他们在价值层面的追求。他们认为,反映社情民意信息工作是追求社会公平正义,实现个人价值的一个非常好的平台。

二、客观因素

制约社情民意信息选题的客观因素是个人自身无法克服的因素。它有外在的规定性,包括受理需要、政治需要,等等。

(一)受理需要

任何社情民意信息都起源于受理的需要,也归结于满足受理的需要,这是不争的事实。受理需要对选题有很强的制约力,但是受理又有其复杂性,由于人与人的需要千差万别,受理需要很难把握。

(二)政治需要

政治因素也是影响社情民意信息选题的重要因素。它对反映社情民意信息活动的制约是多方面的。从宏观上讲,受理社情民意信息部门的性质、地位和功能与国家的政治体制密不可分。

第四节　确定社情民意信息选题的原则

一、确定社情民意信息的原则

（一）"准"

把握党和政府工作重点，哪些情况可能是领导急于获知的，哪些问题可能是领导正在思考的，哪些动向可能是领导还未发现的，都是写信息的重点。参政议政专家胡卫表示："所谓社情民意信息的'准'，就上海而言，必须聚焦城市数字化转型、基础教育评价改革、科技经济的自立自强与开放合作的关系、参与国际分工与保障国家安全的关系等重点问题，关注本年度民主监督、民生保障等社会热点问题，集智聚力、咨政建言、助推发展。"

（二）"高"

也就是出发点和落脚点都要站在一定高度，有一定胸怀，不能只谈一家之言，只谋一己之私，要有一定的代表性、普遍性和广泛性。用胡卫所总结的话来说，就是要坚持围绕中心、服务大局，坚持前瞻性、针对性、操作性相统一，着力突出问题导向、需求导向和效果导向。

（三）"小"

从一些宏观问题中选取某一个角度、侧面、部分，把细分出来的小问题做深做透。胡卫认为，要力争做到切口小、调研深、问题建议实、数据支撑强。他还指出，社情民意信息也体现民主党派组织的界别特色。

二、社情民意信息选题的确定

（一）从内容上看

选题可以是关于国家和地方经济社会发展的方针政策，也可以是关系人民群众切身利益的民计民生，还可以是关乎社会和谐稳定的民情民愿。总之，只要是对党和政府科学民主决策有参考价值的民意民声，都可通过信息这种形式向领导和有关部门反映。比如：

关于调整寒暑假放假时间的建议

在我国，近3亿大中小学在校学生，通常会在每年8月下旬或9月初开始入校，到第二年1月中旬（东北地区多为1月上旬），称为上学期，完成这个学期学习后，进入放假时刻，因这个假期正处于我国寒冷的冬季，就称为寒假，寒假一般在正月十五前后结束；下学期从春季的2月中旬（阴历正月十六前后）开始，到7月初或7月上旬结束，在校学生又开始放假，因这个假期正处于我国最炎热的夏季，就被称为暑假。如今大部分学校的暑假结束时间是8月末（或9月初，也有个别地方在8月中旬）。

没有疫情的正常情况下，这样安排寒暑假放假，非常符合人们避寒避暑的需求，也符合经济社会发展的要求。

然而，目前我国正经历着百年未有之大变局，仍处于全面抗击新冠肺炎疫情的重要时期。医学专家也多次提醒，冬季是新冠疫情传播的高风险期。过去一年中，我国在抗击新冠肺炎疫情方面的成功经验已经充分说明，只有分散人群，阻隔传染，狙击传播，才是有效防范的积极措施。

冬季一直是各种传染病的高发和多发期。因此，在冬季新冠肺炎疫情高风险期和多种传染病的高发和多发时节分散人群，狙击传播，阻隔传染是最有效的防范措施。这也是"中国经验"。据报道，国内有些地区已经在做相关预案，考虑提前放寒假。因此，将目前国内寒暑假放假时间统一作相应调整，确已刻不容缓。为此建议：

一、增加寒假放假时间，按两个月的假期规划教学安排。将寒假放假时间提前到每年的冬至前后,延长到次年2月底(或3月初),使全国近3亿大中小学在校学生避开冬季新冠肺炎疫情高风险期和多种传染病的高发和多发季,等待3月初各种传染病缓和之后再返校复学开课,保障学生安全。

二、缩短暑假放假时间,按三周或一个月的假期规划教学安排。将原来7月初或7月上旬的暑假放假时间延后到7月下旬,暑假结束时间可以提前到8月下旬。虽然8月下旬我国大部分地区仍然暑气逼人,但如今所有学校的教室里都已经安装空调,可以缓解暑气,因此不必担心8月下旬开学会遭遇酷暑难当。

三、通过上述寒暑假时间调整,既能够规避新冠疫情传播的高风险期、避免冬季多种传染病高发和多发时节人群的聚集,也能够有效缓解过去寒假期间同时遭遇的寒假、返乡、探亲等客流的"聚合"局面,还可以释放运能,舒缓压力。

四、延长了寒假,能够使得更多大中小在校学生有充裕的时间,参与、体验以春节、元宵为平台的民俗文化,并将有效延伸中华民族优秀的传统文化活动,拉动新型的文化旅游,在实践中感受优秀传统文化的魅力,自觉增强文化自信。

(二) 从目的上看

选题可以是动态性的,以反映新情况、提出新问题、发现新动向、揭示新苗头为主;也可以是建言性的,以针对当前经济社会发展的重点、难点工作以及人民群众普遍关心的热点、焦点问题提出具有前瞻性的意见和可行性建议为主。举例如下:

放假安排应该考虑"不调休"

2022年放假安排,已经出炉。五天以上的"长假"有三个,三天的"小长假"有四个。但是如果新冠疫情仍然反反复复,常常变异输入,所有人在"非必要,不外出"的情况下,这种通过调休的方式,把上班族"调"得晕头转向的"长假"有必要吗？

屈指算来，一个正常工作的公民，2022年能够享受到的假期是：一年52周，每周双休，即104天；加上元旦1天、春节3天、清明节1天、劳动节1天、端午节1天、中秋节1天、国庆节3天，共计11天；另外，还有15天带薪休假。

这样算起来，一年就有104＋11＋15＝130天假期。一年365天，国定130天假期。当然，不是所有人都能享受到全部假期。在有些民营企业，依旧实行着"单休制"；不少公务员，也处于"周六保证不休息，周日休息不保证"的状态；在一些互联网大厂，"休息"就是"降薪"。

这次2022年放假安排，大家关注的焦点在哪里呢？比较一致的建议，是放假安排"不调休"。也就是说，这个假期该哪天休息，就哪天休息。不必为了凑一个长假或小长假，"东挪西借"，造成假前假后"补班"疲劳。这是因为：其一，"调休"本质上是"挪用"。有几个假期，看起来是长假，其实不过只休1天或3天，其余均为双休日。如此一来，很多人的正常工作和生活节奏被打破了。

其二，因为"调休"，假前假后还要"补班"，这就势必出现连续工作6天甚至更长时间的情况，让绝大多数"上班族"崩溃。

其三，凑长假，很大程度上是为了刺激旅游市场，拉动内需。但目前仍然处于新冠肺炎疫情防控的关键阶段，最近又出来一波由外出旅行所致的疫情，这对绝大多数有出行计划的人来说，带来很大影响。再加上游客要求越来越高，不再满足于"上车睡觉、下车拍照"，更多人不会选择扎堆式、人看人式的旅游方式。如此情况下，凑小长假就失去了意义。

以上三点，至少代表相当大的民意，看下来也不无道理。

既然安排放假，就应该体现"美好生活"。老百姓需求的，不仅仅是"足够的天数"，更是"支配的自由"。当然，"调休"作为一种安排手段，也不可能全部放弃。

为此建议——

放假安排应该考虑"不调休"。如果一定要"调休"，那就集中"调"到春节。有的长假或小长假，放了没什么感觉，倒是春节，放7天假，有点少了。

延伸阅读

借梯登高"聚众智" 扬长避短"抓落实"

李 媛

社情民意信息以它短小、精干、针对性强、反映问题迅速、及时的特点,越来越成为党委、政府第一时间快速、准确了解民生民情民意的"显微镜",也成为基层民主党派参政议政建言献策直达高层的"直通车"。高层关注点,就是群众的期盼所在,也是反映社情民意信息的切入点,这就需要撰写社情民意信息的人,时刻有信息意识,经常想群众关切,把握好政策趋向。因此,我感觉反映社情民意信息,要注意以下五点。

一是要阶段性研究问题,精选课题。要有课题研究组及时掌握最新信息征集动态,坚持问题导向精选课题,确保围绕党政关注群众关切的问题进行研究。利用课题研究小组联络各方,准确把握热点焦点问题,并就同一议题从不同角度征集信息系列化采编、系统化跟进,或者就重大事件、重要情况等广泛征集民意,阶段"定题"、收集"定时"、撰写"定人",集中收集,专题整合,更加高效地集聚众智,也更容易形成接地气、高质量的信息,增强社情民意信息工作的数量和质量。

二是要利用好各方资源,借梯登高。要注意适时召开社情民意信息工作会、培训会、研讨会等,邀请会内外专家进行"专题培训",从专家的指点中,提炼信息议题。把社情民意信息工作与调查研究、社会服务等履职活动结合,"广交朋友,广辟来源,广收信息",与兄弟组织形成上下联动、左右联合、智慧相融、力量相聚的工作体系。

三是要培养好信息队伍,旱涝保收。要充分发挥"关键少数"和"中坚力量"两支队伍的引领带动作用。以市委会班子成员、会员中的各级人大代表政协委员、机关干部为参政议政的"关键少数",在新会员中培养骨干信息员、在部门中聘请特邀信息员、在专委会中选拔专业信息员组成"中坚力量",要有相对固定撰写信息的骨干、编辑信息的专干、确定课题的主干,保证源头活水。

四是要维护好会员热情,精准对接。会员参政议政都是业余时间,这就需要我们下大功夫服务好会员,及时跟进会员关注,利用线上线下联动开展"三大活动",即全体会员"一人一建议"活动,骨干成员"做诤友、进忠言、献良策"(立足单位建诤言、立足部门进忠言、立足社会献良策)活动,基层组织"五个一"(一条有水平的意见建议、一篇有价值的社情民意、一次有成效的参观视察、一次有意义的专题调研、一篇有质量的调研报告)活动,及时收集信息。

五是要完善好工作机制,考核激励。要坚持把完善工作机制作为推动社情民意信息工作常态化、规范化、系列化的有效抓手,建立和完善社情民意信息工作机制,制度化管理、规范化运作、程序化运转,把建立激励机制、完善办理机制、落实反馈机制作为推动信息工作的有效机制,排名挂钩,激励推动。

(作者系山西省政协委员、吕梁市人大常委会委员、民进吕梁市委会主委)
原载民进网　2021年8月25日

05 第五章
社情民意信息的写作

第一节　写作的基本要求

一、写作是一种行为过程

人类的写作活动是伴随着文字的出现而产生的,约 6000 年前,人类发明了文字。在我国,殷商时代就有了甲骨文,那时的人用甲骨文"写"卜辞,把类似图形的文字刻在龟甲和兽骨上,应当算是中国古老的写作了。而文字产生之前,人类已开始用实物和刻画图形符号记事,据《周易·系辞传下》记载:"上古结绳而治,后世圣人易之以书契。"这种结绳记事可以视为最原始的写作了。后来,人们把文字刻在青铜上、竹简上,一直到纸的发明,人类的写作活动才真正发生了飞跃。

写作是人在与客观外物相互作用下,借助语言文字符号,以表达某种思想或情感,达到制作文章目的的一种创造性脑力劳动。写作是一种复杂的精神生产劳动,写作的目的是制作文章,以表情达意。古人把文字刻在龟甲兽骨上,今人操作电脑打印出成品,原理是一样的,都是为了写成文章,传达某种意图或情感。所以,写作既是制作文章的手段,也是一种行为过程。写作作为一种行为过程,包括感知、构思、表达三个阶段,这一过程是由"物"到"意",由"意"到"文"的双重转化过程。

二、写作活动的特征

写作活动有哪些特征呢?了解和掌握写作的特征,有助于增强写作的自觉性,提高写作能力。写作的主要特征有以下几点:

（一）目的性

写作是一种有意识的精神活动,写作总是有意图、有目的的。王充在

《论衡·自纪篇》中说:"为世用者,百篇无害,不为用者,一章无补。"白居易在《与元九书》中说:"文章合为时而著,歌诗合为事而作。"巴金说:"我写作是为了战斗,为了揭露,为了对国家、对人民有所贡献。"对于写作活动,尽管各种主张不完全一样,但有一点相同,写作总是有目的的。例如议论文章、新闻作品,是非褒贬分明,应用文章直接为处理社会工作、具体事务和人们的日常生活服务,具有明显的目的性。行政公文,用以传达党和国家的方针政策,沟通上下左右各单位之间的公共关系,其意图非常鲜明。文艺作品歌颂真、善、美,鞭挞假、恶、丑,陶冶人的情操,给人以精神愉悦,满足人们的审美需求。即使是写给自己看的日记,也是为了记录个人思想、生活的轨迹,借以抒发情感,达到自慰的目的。所以,无论哪类写作,都要端正写作动机,确立为人民、为社会、为真理而写作的崇高目标,自觉注重写作的社会效益,力求把最好、最美的写作成品献给社会。

(二)创造性

写作是一种创造性的脑力劳动,这是其重要的特征。写作成品同其他商品不一样,写作是个体从事的复杂的精神劳动,写作成品是一种特殊产品。独创性是写作的生命。对此,古人早有论述,韩愈说:"必出于己,不袭蹈前人一言一句。"李渔在《闲情偶寄》中强调,撰诗作文"变则新,不变则腐。变则活,不变则板"。写作的独创性贯穿于整个写作活动之中,在聚材阶段,要善于捕捉、发现新材料,发现别人察觉不到的材料;在构思、表达阶段,从文章的立意、结构的谋划、表达方法及语言的运用,都要求有作者的独特创造,要求出新。鲁迅指出:"依傍和模仿,决不能产生真艺术。"写作最忌模仿和雷同,写什么,怎样写,都需要创造性。朱自清、俞平伯同游秦淮河,两位作家的构思不同,主旨、情趣都不一样,表达技巧也各有特点,他们写同题散文《桨声灯影里的秦淮河》却显示出了各自的创造性。

(三)综合性

写作是一种复杂的精神活动,它作为一个整体系统,具有综合性的特点。就写作主体而言，从事写作活动，涉及作者生活、思想、知识和审美等多方面的素养。要写出有价值、高质量的文章，写作者必须具备厚实的生活基础，扎实的文化知识功底，较高的思想素养和相应的审美素养，缺少某些或某一方面都会影响写作活动的顺利进行，影响文章的质量。写作还与作者的能力密切相关，如作者的观察能力、感受能力、思维能力、表达能力等，写作能力实际上就是上述多种能力的综合体现。同样，写作客体也是不可缺少的，写作必须深入生活、体验生活、调查研究，从社会现实中积累材料，否则，所谓写作也只能成为无米之炊。所以说，写作是一种综合性很强的精神活动，它要求作者具备多方面的素养和能力。

（四）实践性

写作既是一种精神劳动，又是一种很强的实践性活动。它的实践性表现在：其一，写作者必须参加社会实践活动，到社会生活中去获取写作的源泉。社会实践是写作之"本"，脱离了社会实践，闭门造车，写作只能是无源之水，无本之木，写作活动无法进行。其二，写作必须通过具体的操作，通过写作实践，通过循序渐进的写作训练，能力才能得以提高。陆游说"纸上得来终觉浅，绝知此事要躬行"就是这个道理。写作不仅要"知"，而且要"行"，也就是要多实践。其三，写作的成品，最终还要受到实践的检验。因此，从事写作活动，学习写作，必须参加社会实践活动，必须加强写作实践，只有这样，写作才可能达到目的。

三、学习写作的重要意义

（一）写作是交流思想、传递信息的工具

写作是人们交流思想感情、传递信息、沟通公共关系的工具。随着社会的发展、人类的进步，写作与人们的关系越来越密切。在政治、经济、军事、文化、教育等各个领域，人们都要运用这个工具进行交际、交流，沟通相互间的关系，为工作、科研、学习和生活服务。尽管现在已发展到用电脑技术贮存知识信息，但运用文字写作仍然是主要的、基本的、绝对不能取代的工具。

（二）现代人才必须具备较高的写作能力

当今时代对新型人才提出了这样的要求：既懂专业，又懂管理，具有创造性的开拓型人才。这种人才的一个重要条件，就是必须具备较高的写作能力。有学者高度重视电脑写作，把人的阅读、写作能力称为"第一文化"，把掌握电子计算机语言称为"第二文化"。作为现代社会的新型人才，必须同时掌握两种文化，而"第一文化"，即人的阅读与写作能力是获得"第二文化"的基础。可见，培养和提高写作能力是适应现代化社会发展趋势的需要。

（三）写作关系到全民族文化素质的提高

一个民族文化水平低，读写水平不高，既难以进入经济高质量发展的高度文明社会，也难以立足于世界民族之林。因此，提高广大人民群众的文化水平，提高各行各业人员的写作能力，对于促进我国经济社会的发展，加强社会主义的物质文明和精神文明建设具有十分重要的意义。

对于上述言及的写作要求，民进中央组织部地方处副处长王强深有体会，为此还写了心得，诉说自己在写作社情民意信息稿件的心路历程。分享如下：

深耕"小问题" 善用"微调研"

我的社情民意信息写作始于去年7月下沉社区锻炼，至今尚不满一年，是一名名副其实的"新兵"。虽然是个无基础、无积累、无经验的"三无""新兵"，在民进中央参政议政部信息处的远程指导和热心帮助下，边学边写边练。

截至目前，共向民进中央、北京市委会提交社情民意信息9篇。其中，4篇被全国政协办公厅采用（3篇被《每日社情》采用、1篇转送有关部委），1篇转化为北京市政协大会专题座谈会发言，并得到相关部门的答复意见。

在此，围绕社情民意信息写作中确定选题和搜集资料两个环节，谈谈粗浅体会。

确定选题的一种思路：深耕"小问题"

基层社会治理是国家治理体系和治理能力现代化的重要组成部分。社区工作者处于基层社会治理的一线，具有协助执行法律法规政策和接收整合群众诉求的双重身份，天然地具有反映社情民意信息的优势。与此同时，社区工作覆盖面较广，并非所涉及的全部工作、群众反映的全部诉求都能转化为社情民意信息。

个人体会是，作为初写者，宜增强问题意识，从一线工作中发现的"小问题"入手，经过"证伪"后，再正向去参照时政要点、经济社会热点等宏观背景，找准"小问题"和"大背景"的结合点，从而确定选题。其中有两个要点需要注意，一是不怕问题"小"，怕的是发现的问题本身是"伪问题"，为此，确定选题的过程中需要做好"证伪"的各项工作；二是把握好确定选题的正向关系，宜从"小问题"牵引至"大背景"，不宜先在"大背景"里进行选题"圈地"，再反向往一线寻找问题（特殊情形除外）。

我在社区下沉锻炼的前半年，主要从事12345热线工作。工作中，边学习处理、解决投诉的方法、技巧，边学习市委市政府关于热线工作的政策文件，逐渐体会到接诉即办工作在首都城市精细化管理体系和基层社会治理体系中的重要作用，也逐渐发现了一些执行层面存在的问题。带着疑惑、问题和思考，我把12345热线工作机制这个中观层面的问题进行细化和拆解，锚定工作机制中的考核机制，再进一步聚焦考核机制中的满意率导向，最终把满意率这个"小问题"确定为社情民意信息的选题，完成了《用好满意率"指挥棒"提升12345热线效能》。

尽管以今天的眼光来看这篇社情民意信息"处女作"，仍然存在涉及问题偏多、对策建议发散的问题，但被《每日社情》采用，还是给予了正向的信息：方向和思路没有错，可以朝着这个方向、按着这个思路继续探索和改进。

搜集资料的一种思路：善用"微调研"

确定选题后，面临搜集资料的现实问题。毋庸置疑，调研是搜集资料的重要方法。作为初写者，特别是一线工作者，没有能力独自开展规模较大、涉及面较广、专业性较强的调研，宜因地制宜、因"题"制宜，开展形式多样、方法不一的"微调研",视情借助民进组织和专家优势,迅速、及时地摸清实情、把脉症结、提出建议,这也是由社情民意信息"短""平""快""新"的特点所决定的。

去年下半年,我提交了《关于积极审慎推进小区安装人脸识别系统的建议》《加强统筹,协作联动,共同提升人口普查质量》等信息。这两篇信息的选题都是从我参与的一线工作中得来,但专业性、相关性相对较强,仅靠我实际接触的工作显然不够,为此,我以实际工作为基础,开展了因"题"制宜的"微调研",得到了足够支撑一篇社情民意信息的资料。

以小区安装人脸识别系统信息为例,我以下沉锻炼社区和居住地所在社区这两个社区为调研对象,在前期已和社区党委书记建立日常联系的基础上,调研了人脸识别系统安装程序、运营公司资质、备案情况、数据管理、物业和居民反馈等重点问题,同时结合前期已向民进中央社会和法制委员会专家咨询过的相关法律问题,完成了信息写作。为完成该篇信息,前后一共开展了3次"微调研",方式上既有实地调研,也有微信调研和电话咨询,整个调研时间加起来不过1个多小时,却拿到了足够的一手数据和比对资料,这篇信息后来被全国政协办公厅转送有关部委。

再以提升人口普查质量信息为例,我以具体从事人口普查的经历和体会为基础,实地了解了居住地所在社区(不同街乡)人口普查情况,以这两个社区的基本情况为蓝本,完成了信息的主体框架和意见建议。为增强信息的说服力,同时也是进行"证伪",我向正在对口支援某省某县社区、担任人口普查指导员的同事征求意见建议,了解不同省份地区人口普查的真实情况,通过比对核查校正,对信息进行了进一步的修正。此后,在民进四川省委会领导的支持下,又征求了某市统计局领导的意见建议,对信息进行了最后一次修正。该篇信息的完成前后也开展了3次"微调研",虽然倚赖的方式方法有些机缘巧合,但总体来说都符合"短""平""快"的特点。

任何工作都需要不断学习、不断更新,作为初写者,更是如此。不到一年的时间,我已经历过"种瓜得豆""众里寻他"等等心态,对长期从事此项工作的会员、干部的心情心有所会。

社情民意信息写作，一定程度上是赓续了知识分子的传统和"士"的精神，从这份"初心"出发，勉励自己要多一些问题意识、少一些功利得失；多一些批判精神、少一些唯上唯权；多一些建设心态、少一些坐而论道。社情民意信息写作的长路上，有着民进组织和专家的支持与帮助，不是一个人在战斗。

第二节 社情民意信息的标题制作

一、社情民意信息标题的形式

社情民意信息标题要醒目、抢眼,能集中反映出该条信息的核心内容,起到画龙点睛的作用。标题一般不用文学语言,避免标语式、口号式标题。标题的语气以"希望""呼吁""关注""建议"等词语为宜。标题中不使用逗号,必要时可使用顿号。

标题的语言受字数限制,表达要集中、凝练,立意要新颖、切中要害。好的标题,一方面要归纳出信息的主旨,让人一目了然;另一方面要能引人注意,激发兴趣。由于信息不是严格意义上的公文,在标题的使用上相对于行政公文有一定的自由空间,可以尝试在信息标题上做一些文章。党政领导的工作比较繁忙,日常需要阅读的文件繁多,因此设计一个能引起领导注意和阅读兴趣的标题,对于信息的成功有积极作用。

标题设计可以从几方面入手:

(1) 公文式标题。这种标题正式、庄重,直接阐明主旨,大多数信息采用这种方式。

(2) 修辞式标题。运用比喻、拟人、对照等修辞方式制作标题,使其形象化、通俗生动。

(3) 疑问式标题。针对某一问题提出疑问,可以引起阅读人的兴趣和思考。如果是双重否定的疑问,也可起到警醒作用。

社情民意信息稿件标题形式举例如下:

关于简化、优化无偿献血者用血手续的建议
关于进一步整合公共服务热线的建议
关于切实保障 AED 设备长效维护的建议

二、与新闻报道、新闻评论标题的区别

以反映事实情况并提出建议的社情民意信息，以传播事实性信息为主的新闻报道和以传播意见性信息为主的新闻评论，由于自身特点和体裁样式的差异，三者的标题在内容、形式、结构及制作要求上存在着一些较为明显的区别。

具体表现为：

（一）制作的目的不同

以反映事实情况并提出建议的社情民意信息，标题正式、庄重，直接阐明主旨，大多数采用公文式标题；而新闻报道的标题以提示主要的新闻事实和相关的重要信息为目的，以此吸引受众的兴趣；评论标题以提示论题或作者的见解、意向为目的，以此引起受众的关注或思考。

（二）表现手法不同

社情民意信息以反映社会重大话题及存在的热点、焦点和难点，其标题直截了当，就事论事，针对性强，浸透了作者想要表达的思想观点；新闻报道的标题多采用客观叙述或描写的手法，作者的态度和倾向性往往蕴含于事实的概括与表述之中，即使做出评价，一般也较为含蓄；评论标题往往直接表达作者的立场、观点、态度和倾向，具有较为强烈的感情色彩。

（三）结构方式不同

新闻标题的结构较为复杂，常为复合型结构，主题与辅题的组合方式较为灵活多样；评论标题的结构较为简单，多为单一型结构，只有一行主题，个别情况下有辅题，大都以副题形式出现。

（四）写作要求不同

社情民意信息的标题直接点明内容，所以简单、简洁，以一行实题为主；新闻报道的标题在简练的同时一般较为具体，重在对新闻事实的恰当概

括，实题较多，句式较为完整；评论标题相对较为抽象，重在对论题、论点的准确提炼，虚题较多，句式上较为灵活，在"炼字炼意"上要求更为严格。

三、社情民意信息标题的功能

社情民意信息标题的功能有四个方面：

（一）概括信息范围

在社情民意信息标题中概括信息范围和评析对象，让受理单位通过标题清晰地了解该社情民意信息所要反映的事物或所要提出的建议。

（二）昭示建议中心

以传达建议性信息为主要目的的社情民意信息，用标题的形式直接表明其针对所述事情提出怎样的建议，使其最有价值的内容——事实、看法和建议凸显出来。

（三）表明作者态度

对于一些是非界限、政策界限不够明了的事物或问题，在社情民意信息的标题中直接表明作者的立场、态度和意见，并以此体现该社情民意信息的是非判断、价值判断。

（四）吸引读者注意

社情民意信息的标题，最终目的是吸引受理该信息的部门的注意，调动他们阅读正文的兴趣。

社情民意信息稿件标题要具有概括信息、揭示内容、表明态度、引人注意的功能。

比如：

关于梯度收取餐饮业餐厨垃圾收运处理费的建议
关于加强保障农村自建房质量安全的建议
关于警惕校外幼儿教育学科化的建议

四、社情民意信息标题的要求

为了更好地发挥社情民意信息标题的各种功能，在制作过程中一般应遵循以下几个基本要求：

（一）题文一致

社情民意信息标题所概括的事实、所提炼的观点、所涉及的建议或意见应与内容相一致。

（二）意向鲜明

对所反映的社情民意信息进行分析的事物或揭示的问题，标题中应有较为鲜明的建议。

（三）言简意赅

社情民意信息标题的句式要简洁，文字要精炼，题义要深刻耐读。

（四）直陈诉求

社情民意信息标题没有必要运用多种拟题手法和修辞手段，而应该直接陈述事实，表明意见。当然，有些社情民意信息的标题也会运用比喻、拟人、对照等修辞方式制作标题，使其形象化、通俗生动；还有一些社情民意信息的标题针对某一问题提出疑问，可以引起阅读人的兴趣和思考。如果是双重否定的疑问，也可起到警醒作用。

试举一例：

对长期"流浪"的公务员也必须加强管理

最近，被冠以"流浪大师"的上海市民XX公务员大火了一把，不仅网民对他感兴趣，而且各大媒体也纷纷报道，甚至中央电视台也在3月30日的《新闻周刊》上报道了他。

百度百科上的"XX"词条显示："XX，上海人，已流浪26年，曾是上海XX区审计局公务员，长病假员工，26年来，薪酬按相关标准正常发放。

所有的公开报道中，有一点不容置疑，XX是上海某区审计局公务员，是一名26年来没有上过班，在不能依法履行公职的情况下，能够按相关标准正常发放薪酬的"特殊的人"。换句话说，XX至今仍然是纳入国家行政编制的公务员，而不是"流浪"的"社会人"。

笔者无意去打探这位"流浪大师"是否如中央电视台主持人白岩松所

说"有钱难买喜欢",更不想探究他是不是称得上"国学大师",只是想提出以下几个问题:其一,26年前XX被查出患有什么病,导致他长病假至今,而不能依法履行公职? 其二,26年中,上海某区审计局有没有对不能依法履行公职的XX公务员的生活进行过关心、关怀、关切? 其三,上海某区审计局因何在XX公务员大火之时始终没有向媒体予以必要的回应? 其四,上海的公务员队伍中还有多少不能依法履行公职,却每个月拿着按相关标准正常发放薪酬的"XX"?

我们知道,公务员是依法履行公职、纳入国家行政编制、由国家财政负担工资福利的工作人员,是干部队伍的重要组成部分,是社会主义事业的中坚力量,是人民的公仆。对长期不能依法履行公职的XX公务员,应该按照《中华人民共和国公务员法》中有关条款管理,保障公务员的合法权益,加强对公务员的监督,促进公务员正确履职尽责,以建设信念坚定、为民服务、勤政务实、敢于担当、清正廉洁的高素质专业化公务员队伍。因此,对长期"流浪"的公务员也必须加强管理。

为此建议:

1. 本市公务员管理部门应清理一下公务员队伍,长期因故不能依法履行公职的公务员究竟有多少,处于什么状态。

2. 对长期因故不能依法履行公职的公务员可视原因,按照《中华人民共和国公务员法》中有关条款严加管理,让公务员享有应有的权利和义务。

3.《中华人民共和国公务员法》虽然没有对公务员病假作明确的规定,但对离岗的,尤其是长期因故不能依法履行公职的公务员也应该加强教育和培训。

第三节　社情民意信息的篇幅要求

社情民意信息是要提供给各级党委、政府的主要负责人参阅，篇幅要求简短精炼，不宜长篇大论，字数通常控制在500至1000字。

以下所列《关于警惕网络音频传播涉疫不当言论的建议》是一篇550字不到的社情民意信息稿件，可以说篇幅不大，稿件不长。但是这篇社情民意信息所反映的问题，却能让人警醒。

这篇社情民意信息揭示了一些自媒体、公众号和博主通过发布多段类似于公共热线反映诉求情况的电话录音，传播虚假事实、偏激观点、蛊惑论调等不当言论，希望加强重视防止出现舆论影响；提出"面对此类新型传播形式，应加大甄别管控力度"的建议，呼吁网信部门加大排查整治力度，提升技术甄别能力，广泛开展正面宣传，加强正面引导，及时开展舆情应对处置。

关于警惕网络音频传播涉疫不当言论的建议

近期，一些自媒体、公众号和博主通过发布多段类似于公共热线反映诉求情况的电话录音，传播虚假事实、偏激观点、蛊惑论调等不当言论，应加强重视防止出现舆论影响。

这类电话录音往往通过模仿当事人拨打公共卫生、法治、市长热线等形式，以投诉、维权、反映情况的交流方式，在听似关切民生、维护正义的论调中，穿插对国家疫情防控策略的质疑、传播民间偏方、国际关系阴谋论等偏激不实内容。此类形式，相较于文字图片等传播形式，更具有难以通过技术手段进行网信筛查审核、隐蔽性强的特点，音频形式更容易被老年人群、低学历人群所接受，一些语言形式带入性、暗示性、煽动性强，借以公共部门作为电话对象,给公众造成严肃、正义、官方认可的假象,从而达到混淆视听、输出不当观点的目的。

面对此类新型传播形式,应加大甄别管控力度,建议:

1. 网信部门加大排查整治力度,对此类音频传播形式开展全面清理,对发布音频内容的网络主体,根据音频内容情节予以关停销号,对情节严重的予以行政或刑事处罚。

2. 提升技术甄别能力,根据音频内容、话术形式、重点关键词等因素,加大数字化识别能力,有效整治不当音频内容。

3. 广泛开展正面宣传,对于不当音频所传播的误导内容,有针对性开展辟谣、解释,加强正面引导,及时开展舆情应对处置。

第四节　社情民意信息的结构形态

在阐述这一节内容之前,先请大家看这篇题为《关于加强电动汽车公共充电桩管理维护的建议》的社情民意信息。

关于加强电动汽车公共充电桩管理维护的建议

2020年5月7日,上海版"新基建"行动方案(即:《上海市推进新型基础设施建设行动方案》)发布,其中提出了3年内新建10万个电动汽车充电桩的行动目标。在这过程中,将有大量公共充电桩在停车场、道路周边和公共设施附近布点新建。参照已建公共充电桩在实际运行过程中暴露出的问题,在此次新建过程中应当予以充分考虑和预防,以确保"新基建"效果不打折。

一是充电桩维护缺失。在实际投用过程中,公共充电桩面临设备故障、零部件缺失得不到及时维修,人为破坏无法及时惩治、制止,因选址不合理长期无人使用导致运营企业放弃维护等问题,致使公共充电桩实际无法使用,影响使用感受和效果。

二是电动汽车专用车位被挤占。虽标有电动汽车专用车位标识和管理公示,但缺乏实际管控措施和惩戒措施,燃油车随意挤占、电动汽车完成充电后占位不走现象较为普遍,导致有空闲充电桩但无法实现充电。

三是相关资费不合理。一些经营性停车场对电动汽车实行无差别对待,出现充电电费、充电服务费、停车费三项叠加付费现象,充电成本较高。一些充电桩经营企业力推充电账户预付费或押金制度,产生资金风险和漏洞。

为此,建议:

1. 开展公共充电桩经营企业设备正常率考核。通过物联网监测、用户反馈、抽样实测等形式，测评各公共充电桩经营企业设备正常率和及时维修率，并与企业新能源补贴挂钩，提升公共充电桩使用效果。

2. 制定电动汽车专用车位限停管控措施。将占用电动汽车专用车位行为纳入相关法律法规和交通执法范围，通过监控探头、车主举报、停车场管理人员巡查等形式发现违法占用行为并与相应处罚相挂钩。

3. 加强充电站点引导和布局优化。在各类公共充电桩电子地图中优化增加设备故障、车位挤占等信息。在停车场空余车位电子显示标识中增加电动汽车停车位情况。科学布点新建公共充电桩站点，对布局不合理站点实施优化搬迁。

4. 优化资费形式。落实电动汽车停车费用减免政策。预防充电桩经营企业潜在金融风险。

以上所列《关于加强电动汽车公共充电桩管理维护的建议》，是一篇文字简洁、内容完整、观点明确的社情民意信息。虽然社情民意信息稿件的写作没有固定格式，但这篇稿件提出了问题，阐述因这些问题而产生的影响，并就此分析出原因，提出了相关建议。

从这篇稿件出发，我们大致可以归纳出社情民意信息稿件结构的特点和信息内容的构成。

一、社情民意信息结构的特点

（一）文字简洁

信息的一个鲜明特点是开门见山，单刀直入，把要关注的主要事实直接写在前面，避免论文式的前言或开场白，背景材料最好不用或少用，也不必旁引博征。如果一篇信息由若干个观点构成，应把最新颖、最有说服力的观点放在前面。

（二）内容完整

社情民意信息虽短，但也要"五脏俱全"，参政议政类信息写作格式为：

问题—分析—建议;民主监督类信息写作格式为:现象—批评—措施。

(三)观点明确

无论是问题阐述,还是分析、建议,都应清楚明了,通篇给人观点明晰、一目了然的感觉,切忌语句啰嗦、使用套话。

二、社情民意信息的构成

这篇题为《上海应建一座报业博物馆》的社情民意信息,行文一千余字,结构自由活泼,但是信息量很大。作者为呼吁在上海建一座报业博物馆,引用丰富的资料,加以阐述。全文如下:

上海应建一座报业博物馆

世界各国都十分重视博物馆的建设和其文化作用的发挥。博物馆作为保存和传承文化的场所,是文化发展繁荣不可或缺的组成部分。近十年来,随着上海经济社会的发展和文明进步,上海的博物馆事业逐渐走向成熟。据2012年2月2日《新民晚报》报道,上海目前拥有各类博物馆、纪念馆和陈列馆109座,初步构建起了一个涵盖全市的博物馆网络,但是新闻类报业博物馆至今仍是空白。

众所周知,报纸作为人类文化的有机组成部分,对一个城市精神的提升起着关键性作用;而报业发展始终走在全国前列的上海却没有一座报业博物馆,不能不说是一种遗憾。

上海,作为中西方文化的交汇点,一直被称作"近代中国的缩影""现代中国的钥匙"。中外有识之士已形成"欲认识近现代中国,须从上海入手"的共识,并且也有了"欲认识上海,应从上海报纸入手"的思维。从1850年英文《北华捷报》在上海创刊,1861年第一份中文报纸《上海新报》出版……上海的报纸如雨后春笋,蓬勃兴起,日新月异。160多年来,它忠实地记录着上海的发展和进步,成功和挫折,欢乐和痛苦;它传播知识、开启民智、唤醒大众、宣传革命、引导舆论、传承文明,推动着中国这艘巨人般的航空母舰,乘风破浪、披荆斩棘、历经曲折、勇往直前。160多年来的风云变幻,160多年来的战争和平,160多年来的文明兴衰,160多年来的人事更替,无不在上海的新闻报纸上如实刊载。记录历史,推动发展,引领大众,服务社会,顺应潮流,从《申报》到《解放日报》,这一份份在上海出版的中国新闻事业发展史上旗舰般的报纸,对近现代中国的思想启蒙、知识普及、经济繁荣、文化昌盛起着重要作用。

160多年来的上海报业是产生巨人的历史。从康有为、梁启超到孙中山、章太炎,从陈独秀、陈望道到鲁迅、瞿秋白,从邹韬奋、史量才到范长江、赵超构,中国近现代史上多少辉煌巨星都曾在上海创办报纸,把上海作为革命和学术文化活动的前台,演出了一幕又一幕波澜壮阔的活剧,使上海成为中国近现代新闻大军的带头羊。

新中国成立以后,特别在改革开放之后,是上海创刊报纸最多的时期,据不完全统计,全市公开发行的报纸已达70多家,除了《解放日报》《文汇报》和《新民晚报》外,有以特定读者为对象的报纸,有以经济报道为主的报纸,有以传播文娱、法制、科技新闻为主的报纸。除以上报纸外,还有行业类报纸、行情类报纸、信息类报纸、文摘类报纸和企业报,使上海的报业有了形式多样、层次分明、特色显著的生态结构。

上海报业发展改革中形成的思想精神和文化遗产,需要建一座博物馆来进行承载,上海报业的开放性也决定了有必要建立报业博物馆作为对内对外学习交流的基地。虽然上海许多报社或报业集团珍藏了一批批十分珍贵的历史文献和重要实物,但是分散在各单位,很难发挥作用。如果建有上海报业博物馆,可以集中展示,让更多人分享。建立上海报业博物馆是一项利在当代、功在千秋的事业,应扩大宣传,扩大影响,在全社会形成共识,以推动完成报业文化传承的这一善举和壮举。

从上文可以看出,社情民意信息稿件没有固定的格式,但是一般由以下几部分构成:

(一)提出问题

指明所要反映的情况、问题,以及问题产生的背景和大致原因。这是整篇信息中不可或缺的部分。有的反映新情况、新问题的信息,甚至只有提出问题这部分内容。

（二）阐述影响

阐述由问题产生的正负面影响或分析问题发生后可能造成的后果,强调解决问题的必要性和紧迫性。

（三）分析原因

详细分析问题产生的原因,探索问题症结,寻求解决问题的突破口等。

（四）提供建议

根据指出的问题和分析的原因,提出有前瞻性、建设性、针对性、可操作性的意见建议,为推动问题的解决向党政领导提供参考,也是全文最吃重、最具亮点的部分。

再举一例:

关于加强互联网软文管理的建议

近年来,随着微信、抖音、B站等网络社交平台规模和影响力不断扩大,利用网络新型传媒优势,以推广营销为目的发布的软文[①]大行其道。

软文的本质仍是广告,相比传统广告,内容更生动、目的更含蓄、形式更多样,更受平台及商家热衷。但在丰富广告传播形式、服务商业发展同时,也暴露出不少问题。一是误导受众。一些软文披着新闻、通讯或便民指南等文体外衣,在排版时夹藏于正规文章中间,开头看似客观公正陈述,过程或结尾却指向某品牌商品,让受众无法分辨到底是实用信息还是商业推广。二是内容失范。不少软文乐于打擦边球,通过文字粉饰,含蓄夸大商品功能,或移花接木,将权威文章与营销内容糅合,以达到商业目的。三是逃避监管。一些公众平台不将软文推广行为视作广告行为,不签订广告销售合同,不缴纳广告税收,造成软文的客户需求接洽、策划、撰写、发布行为均游离于广告行为之外。

虽然2016年9月发布实施的《互联网广告管理暂行办法》明确:凡是互联网上(包括微信、微博)发布的广告,都要标注"广告"两字,并对内容作出要求。但对于文章中不含产品链接、电子邮件地址等内容的软文，不作为适用对象。造成软文类广告铺天盖地，质量良莠不齐，乱象丛生。

为此，建议：

1. 加强标识管理。对于互联网环境下发布的以产品推广、企业形象树立等商业行为为目的软文，加强内容审查，要求在标题区域、文章前后等显眼位置标明"广告"二字，便于受众识别。

2. 加强行为管理。市场监管部门和互联网管理部门应联手，建立软文类广告管理规范，明确内容、发布流程等要求，对软文广告行为进行整治，加强事前资格审查、行为备案。

3. 加强内容管理。开展新闻审查、知识产权审查及行业、专业审查，运用人工智能和大数据技术，采用关键词搜索、语义分析等手段加强内容监管，防治以偏概全、混淆视听、变相夸大等内容传播。

① 软文是指企业通过策划，在报纸、杂志或网络等宣传载体上刊登的，可以提升企业品牌形象和知名度，或可以促进企业销售的一些宣传性、阐释性文章，包括特定的新闻报道、深度文章、案例分析等。

三、社情民意信息的结构原则

社情民意信息的结构原则主要有以下三点：

（一）从社情民意信息的具体内容出发

社情民意信息的结构布局应考虑文章的具体内容，根据所要分析的事物或所要揭示的问题的实际情况、内在逻辑联系和发展变化规律，围绕事实和问题组织安排材料及建议或意见的前后顺序。

（二）从受理部门的实际需要出发

社情民意信息的结构布局要考虑受理部门的实际状况和需要，根据他们的工作性质、接受能力、认识规律和心理需要来安排社情民意信息的逻辑思路和篇章结构。

（三）从不同的题材要求和作者的特点出发

社情民意信息的结构布局要适合体裁的特点，也要体现作者的特色和风格。在遵循客观事实和所揭示问题的基本原则和写作规律的前提下，在开头、结尾和谋篇布局上显示作者的个性特征。

四、社情民意信息的结构要求

事实证明，好的社情民意信息作品，其结构应符合以下三个基本要求：

（一）布局合理

合理安排文章的结构，确定先说什么后说什么，详说什么略说什么，选择哪些事实，揭示哪些问题，它们之间如何配合、衔接与过渡等等，以使文章各部分之间相互协调，总体布局恰当合理。

（二）层次清晰

合理安排社情民意信息各部分、各段落间的层次关系，可以使社情民意信息稿件的结构"纲举目张"，层次分明。

（三）逻辑顺畅

以揭示问题，提出建议为主的社情民意信息，应讲求其结构布局的逻辑性，这种逻辑性既要符合事物发展的客观规律，也要符合人们认识事物的思维规律。

五、社情民意信息的结构方式

（一）归纳式结构

从事实到观点，先分论后总论。该结构是运用归纳逻辑进行推理的方式。它往往是从多事实、多角度、多侧面切入，运用归纳逻辑得出一个"共识"。与演绎论证相反，归纳式结构是一个从特殊到一般的论证过程。

（二）演绎式结构

从观点到事实，先结论后分论。这种结构运用演绎逻辑进行推理的方式，它从已经公认或已经证明的论断出发，经过一定的推理程序，证明和说明尚未形成共识的论点。这是一种从已知推导未知，从旧知推演出新知，从一般前提引申出对于特定事物的看法，即从一般到特殊的论证方式。

（三）并列式结构

将总的观点,就是建议或意见分为两个以上的分论点,分别进行论证。这种结构又称横式结构或辐射式结构,指几个分论点或论据同在一个平面上,并无主次之分、它们围绕着中心论点,分别从几个侧面、几个角度去分析论证,发挥同等重要的作用。

（四）递进式结构

对所要表达的诉求,由表及里、由浅入深、逐层分析,逻辑上环环相扣,内容安排上层层深入、步步推进的结构。

六、社情民意信息开头要求与形式

（一）社情民意信息以传递事实、揭示问题、表达建议或意见为主要目的,也应该在稿件的开始部分就抓住阅读者,吸引他们的注意,引发他们的兴趣。因此,社情民意信息的开头要求开门见山、引人入胜,切忌"下笔千言,离题万里"。

（二）开头的形式：① 摆出结论；② 提出问题；③ 亮出靶子；④ 交待意图；⑤ 由事入题。

七、社情民意信息结尾要求与形式

（一）社情民意信息的结尾的基本要求是简短有力,不落俗套,即不要拖泥带水,避免空话、套话。

（二）结尾的形式：① 呼应开头；② 作出结论；③ 提出建议；④ 引发思考；⑤ 举一反三。

综上,举例如下：

关于限制槟榔销售诱导行为的建议

槟榔被世界卫生组织列为一类致癌物,经常食用将增大罹患口腔癌、食管癌、咽喉癌风险。近年来,出于拓展全国市场、培育吸引消费人群等目的,不少槟榔生产厂家将眼光瞄向广东、江苏、上海等非传统槟榔消费地区。通过在民营超市、杂货店、便利店广泛开展多种形式的市场营销,积极培育槟榔潜在消费人群,将对这些地区的公众健康、疾病防控埋下隐患。

在销售诱导方面主要有以下特点。

一是长期占据商店醒目位置进行推广。通过与店家达成销售返利、支付进驻场费等地推协议,在商店进出口、收银台等客流量密集区域设置槟榔销售专区,强化消费者感官冲击,便于消费者随手获取。

二是采取强势倾销策略。采取免费赠送、低价销售、高中奖率、终端互动派发礼品等营销策略进行促销推广,吸引消费者消费体验。

三是面向青少年订制宣传。针对企业青年职员工作强度大、精神压力大、工作环境禁止吸烟的特点,以槟榔作为烟草替代品,强调提神醒脑、抗拒疲劳等功效;针对青少年熬夜、高强度电玩网游等生活习惯,设计符合青少年审美包装,聘请青少年网红代言人,宣传新奇、刺激、提神等功效,激发青少年对槟榔好奇心。

科学表明,槟榔具有一定成瘾性,一旦在一个地区形成消费人群规模,将持续危害当地公众健康。据上海地区抽样调查显示,上海96.3%的市民并未尝试过槟榔,其中,18.52%的市民对槟榔的危害毫不了解。为此,建议:

1. 制订地方性法规或规范性文件,限制槟榔及槟榔成分产品宣传推广。进一步规范销售环节的广告宣传行为,禁止媒体、户外广告发布槟榔广告,禁止商家将槟榔放置于门口醒目处。对槟榔高价值抽奖、倾销等行为加强商业行为审查。网上购物软件、外卖软件不得对槟榔产品进行用户推广。限制学校、青少年活动场所周边商家销售槟榔,减少产生因好奇心、求刺激而尝试槟榔的新消费者。

2. 加大健康知识宣传普及。线上线下联手展开有关槟榔危害的科普宣传。线上由官方账号联合网络自媒体,对槟榔危害进行全方位的科普宣传。在电视、广播等传统媒体开设有关槟榔危害的专题。线下在社区、学校等公共场所进行宣传讲座,针对学生展开诸如"杜绝人生第一口槟榔"等校园签字活动。增进市民对槟榔危害科普的参与感、认同感。

3. 从国家层面加大对槟榔销售的管控力度,出台更为严格的法律。参考烟草的销售模式,在槟榔外包装明显标注"槟榔有害健康""尽早戒除有益健康"等警示标语,限制未成年人购买获取槟榔产品。

八、社情民意信息稿件的架构

本节上述内容,无论有关社情民意信息稿件的标题制作、篇幅大小,还是结构形态,都在一定程度上决定着社情民意信息稿件的架构。从这个意义上来说,社情民意信息稿件的架构是不会固化的,每篇稿件的架构都不会绝对相同、这也印证了古人"文无定法"的认识。

但在不断的实践中,人们还是努力寻找出恰当的表现形式的内在规律。这样,社情民意信息稿件就形成了基本的架构。所谓"定体则无,大体须有"。

下面就举例把这个"大体",即常见的架构作简要介绍。

例一

1. 标题

城东大道渣土染污严重、贻害无穷

2. 内容

(1) 存在问题:城东大道是宜昌市城市东扩的主轴线,市政府投巨资进行了路面刷黑,成为城区一道靓丽的景观大道。春节前夕笔者看到,沿城东火车站向安琪集团方向的路面尘土满地,车辆一过,天晴漫天尘土,天雨满地泥水。我们知道:刷黑路面的沥青最怕灰层,沥青被灰尘一裹带走,一遇雨水侵蚀就会严重损害路面,严重的导致路面报废,给国家投资带来巨大损失。

(2) 分析问题:路面的损害主要由路面两旁的运土工地造成的,据不完全统计,这段路面有运土工地近10处,逾百辆运土工具运土,渣土处理量很大。尽管城管部门已安排人员在路面巡查,对重点工地进行指导、组织,有不少施工单位为提进度,图省钱省事,不按规定施工或运输,使运土的车带泥上路,污染沿途的主次干道。

(3) 提出建议:市城管部门在该路段持续开展集中行动,重点值守、管好源头,同时加强机动巡查执法,坚决遏制违章运土和渣土污染行为,保护路面,维护市容整洁。

3.(署名)联系方式

区政协常委(社会职务)、民进区委会委员(政治身份)、副局长(单位职务)XXX。

例二

1. 标题

应尽快建立我区交通道路维修预警机制

2. 内容

(1) 存在问题:今年入春以来,我市的道路损坏严重,许多路面反浆严重或坑洼不平,给人民生活带来了诸多不变,更影响了城市的文明建设。

(2) 分析问题:为什么我区的交通道路破损这样严重呢?原因是多方面的,像工程质量差、寒冷的气候,使道路容易反浆、鼓涨等,但还有一个重要的原因,就是我区交通道路维修机制太落后、太教条。像道路破损后只能等到春天才开始维修,结果破损面越来越大,淘挖的坑也越来越深,影响了车辆的正常行驶并时常发生交通事故。

(3) 提出建议:为保证我区交通道路完好无损、畅通无阻,应尽快建立交通道路维修预警机制。设立专门预警举报电话,如"176""667"等;发现破损路面应及时上报,马上维修;要提高全区人民的爱路、保路意识,并建立相应的奖惩机制。只有这样,我区的交通道路管理才能上一个新台阶。

3.(署名)联系方式

区人大代表(社会职务)、民进区委会委员(政治身份)、主任(单位职务)XXX。

九、社情民意信息的其他要求

(一)署名规范

社情民意信息可以党派组织名义或党派成员个人名义署名。以党派组织名义上报的信息,要有审批程序和分管领导签发记录,按公文管理;以党派成员个人署名的信息,要注明作者的政治身份和单位身份。

政治身份由党派组织内和社会两部分组成,要写明政治面貌和党派组织内职务;社会身份是指担任人大代表、政协委员、各类特约人员的身份;单位身份是写明信息作者的工作单位、职称和职务。

(二)联系方式

提交社情民意信息时,应注明作者的工作单位、政治身份、职称、职务、电话、电子信箱等联系方式,以便受理信息的部门核对情况,及时联系作者反馈情况。

延伸阅读

集智聚力推动信息工作提质增效

李 红

我爱故我在

体会之一：心中有民进，有责任、有情怀，是撰写社情民意履职担当的内生动力。

社情民意信息是民主党派履行参政议政职责的重要渠道，也是衡量民主党派工作水平的重要标尺。作为一名民进会员，积极参政议政建言资政，是应有的政治觉悟和政治职责。既然加入民进，那就要为所热爱的民进组织尽心尽责，这是我一生无悔的选择，也就有了"撞了南墙也不回头"撰写信息的执着和坚持。

自从2003年1月加入民进以来，我一直勤勉耕耘，为民进组织尽微薄之力，撰写社情民意信息超百篇。每当信息被采用被批示被表扬，我都由衷感受到履职担当的获得感和荣誉感。2016年9月，我担任民进湖州市委会主委，这是一份信任，更是一份沉甸甸的责任和义务，我备受鼓舞，也无比珍惜。我是民进人，总是希望能在不同场合多发出民进的声音，为国履职，为党助力，为民分忧，为民进争光。只要是为民进增光添彩的事，我都是全身心投入，乐于干、努力干，这种原始的写作动力很单纯，很朴素，没有任何的功利心。基于这份责任的激励和鞭策，凡是在工作中看到的、听到的、思考到的问题，都会"为伊消得人憔悴，衣带渐宽终不悔"，坚持着自觉撰写社情民意信息，争取向民进组织"多交作业"，我为自己能为热爱的民进组织干点事感到满足和骄傲。

我思故我行

体会之二：书山有路勤为径，勤于思考、善于思考，是撰写社情民意有效发声的必要途径。

作为民进会员，每个人都有自己的本职岗位工作，但是在撰写社情民意信息的过程中，需要我们转换工作角色，努力从基层群众的角色、从职能部门执行的角色、从领导决策的角色、从未来发展的研判等不同角度进行深度思考。

一是胸中有大局。围绕中心、服务大局是党派履职的重点，对全局有影响、对决策有价值、对工作有促进的信息才有可能被采纳批示。反思撰写过的信息，影响大、效果好的，撰稿思路大部分来自省委、市委全会工作报告中的要点，如《以大湾区建设为依托，谱写长三角一体化浙江发展新篇章》《高质量打造南太湖绿色发展新区，高水平创建两山理念样板地》《关于长三角生态绿色一体化发展示范区紧密型联动发展区建设的若干建议》等，都得到了采纳，在政协和统战的重要协商平台发出了民进好声音。

二是心中有大势。四年来，围绕着南太湖发展、长三角一体化战略，我们关注党政所急、发展所需，体现了前瞻性思考，从理顺江浙管理机制、建设南太湖新区、推动长三角一体化、环太湖联动发展等战略发展趋势跟踪调研、连续发力，撰写了8篇社情民意信息，均被采纳并获省市领导批示。特别是《建立江浙两省联动机制，共同推进环太湖保护开发》，得到了省委省政府主要领导批示，助推解决南太湖开发利用瓶颈问题。

三是眼中有人民。秉承"立会为公，参政为民"要求，社情民意信息的撰写要关注民生民情，紧跟时事热点，为解决问题提供及时的意见建议。四年来，我围绕外卖食品安全、"二孩"时代学前教育、旅游业安全等问题撰写了一大批信息，如《加强送餐员队伍规范管理，守住网络外卖食品安全最后一纳米》《网络投票乱象多，其公平合理性存疑，建议党政机关评优评先少用慎用》《加大力度积极探索，着力破解"二孩"时代我市教育难问题》等，坚持为民议政。特别是《关于加大我市农产品SC论证，补足农产品销售短板的建议》得到了市政协的高度重视,并转化为民主监督项目。

我说我必干

体会之三：说一千道一万不如踏踏实实干一件,领导班子率先示范引领,形成反映社情民意信息工作"头雁效应"和强大引导力量。

百尺竿头立不难,一勤天下无难事。作为主委,我一直坚持主动作为,激发市委会反映社情民意信息工作的整体活力。

一是带头撰写。基于职业习惯,对工作中听到的、看到的,我都会认真研判,如果能捕捉到有用的社情民意信息点,我会感到特别兴奋,一般都是信息不过夜,熬夜再晚也要完成。《关于在水产养殖中取缔冰鲜鱼、畜禽内脏喂养的建议》《破解生猪养殖户"三忧",促进生猪养殖可持续发展》《谨防共享单车影响全国文明城市创建,建议我市尽快出台共享单车管理办法》等都是由此而来。2020年春节新冠肺炎疫情期间,我在走访中了解到,茶农担心春茶无法采摘的问题。湖州是茶叶大市,40万"采茶大军"马上到来,我觉得很重要,马上启动各种调研,掌握第一手信息,《疫情下春茶生产面临四大问题》于凌晨2点完稿后马上上报,得到了民进省委会、市政协、市委统战部的采用,获市领导批示,有效推动了湖州的春茶采摘工作。

二是带领撰写。信息工作贵在神速,有时候就是"过了这村就没了这店",必须做到发现快、收集快、整理快、上报快。对于自己发现而没时间调研撰写的问题,一般会第一时间交代专职干部,提出自己的建议意见,带领撰写。如2020年农历大年初八,我把自己作为志愿者参与疫情排摸扫楼行动过程中发现的线索,交代给民进市委会专职干部陈少峰,请他以电话方式对接其他街道的基层代表了解情况,及时撰写《基层疫情防控工作面临四大困境亟待引起重视解决》,我亲自把关,认真修改,第一时间上报。该信息被全国政协、民进省委会、市政协录用,为推进疫情防控贡献了民进智慧。

三是结合本职撰写。"纸上得来终觉浅,绝知此事要躬行",将自身专业特长、职能部门资源和民进参政履职结合起来,才能写得深、写得实、写得有效,这也是撰写高质量社情民意信息的秘诀。我曾经在残联任职,写过的很多信息,都是充分利用民进的履职平台推进残疾人工作的,如《精准帮扶　全力助推我市残疾人就业工作》《关于加强残运车整治管理的建议》《统筹兼顾科学把握　用好残疾人集中就业优惠政策》《建议省教育厅牵头制定特殊教育幼儿园评定标准》等,都是来自工作实践中发现的短板和不足,积极为弱势人群呼吁,体现了专业性、实效性。特别是和时任民进省委会医卫工作委员会主任的许茂盛联合撰写的信息《关于整合资源推进康复医疗事业发展的建议》,被民进中央作为集体提案上报全国政协,并荣获民进中央参政议政优秀成果二等奖。

我做你也干

体会之四:一个好汉三个帮,整合资源、联动合作、齐心协力才能增强民进社情民意信息的竞争力。

"合则强,孤则弱",撰写社情民意信息必须要发挥民进各级组织的积极性,大家集思广益、献计献策,才能增强信息工作的合力。

一是凝聚强烈共识。"壹引其纲,万目皆张",我们将反映社情民意信息工作作为民进市委会工作的重中之重,经常在主委会议和各种会议上强调信息工作的重要性,定期研究部署。建立健全了理论中心组学习制度,逢会必学,提升政治判断力、政治领悟力和政治执行力,促进市委会领导班子和骨干会员知情明政。主委班子带头干、指导干,分管副主委重点抓,专职干部主动抓,基层主委具体抓,形成了较为强烈的工作共识。如兼职副主委潘林荣,作为资深会员,有丰富的写作经验,经常性带领开展调研,指导年轻会员写作,不断提升会员撰写的积极性。

二是加强机制保障。建立长效机制,推进反映社情民意信息工作。对会员加强信息写作培训,邀请专家和身边的先进会员专题讲座,辅导提升会员写作能力水平;对在职会员提出每人每年完成一篇社情民意目标任务,纳入所在组织考核;对新会员的"三张清单"管理机制单列了破格条件,即反映的社情民意信息在市级以上采纳,可以提前一张清单加快培育、破格录用;对新会员成立了联谊会,两年内接受市委会和所属支部双重管理,加速信息工作培养;对人大代表和政协委员组建议政先锋队,以沙龙方式交流思想,寻找社情民意信息敏感点,下达每人三篇高质量信息的任务。对各专委会下达调研课题任务,每年年初有部署,年中有推进,年底有汇报,并加强工作保障。对基层委和支部,将信息工作作为考核评价的重中之重,以成绩论英雄。

三加强激励引导。定期在各类会议上通报全会的信息录用情况;在基层会员群及时通报会员反映的被采纳信息,第一时间给予表扬激励,提升会员撰写信息的荣誉感和获得感。完善民进市委会社情民意信息稿酬管理办法,每年给予物质鼓励。每年编辑湖州民进《开明·建言》一书,下发所有会员,在激励有贡献的会员的同时,也指导其他会员提升写作能力。每年按照贡献度评选优秀信息员,给予奖励。对信息被全国政协和民进中央录用或特别有贡献的会员,主委带领专职干部登门主动向会员所在单位送感谢信,介绍会员在民进组织内的履职奉献,并向单位推荐优秀会员。

(作者系民进浙江省委会常委、民进湖州市委会主委,湖州市政协副主席)

原载民进网2021年8月2日

06 第六章
社情民意信息收集与报送

第一节　社情民意信息收集与报送

一、社情民意信息的收集

收集社情民意信息应确保信息具有真实性。要以深入实际为出发点，以深入社会为切入点，以深入群众为落脚点，走进社区街道、田间地头、厂矿企业，了解民情，倾听民声，对社会普遍存在的问题或带有苗头性应引起重视的问题，深入开展调查研究，掌握第一手真实材料。

要注重发现来自社会不同界别、不同阶层有代表性的群众意见，发现需要引起关注的少数特殊群体的合理诉求，发现一般渠道不易掌握的社会情况和群众意见，把各界别、各阶层、各群体反映的热点、难点、焦点进行集中归类后，分别进行深刻分析，提出具有可操作性的解决建议。切忌把事实不清的坊间议论或道听途说的传言话题拿来作为信息直接撰写和上报。

二、社情民意信息的报送

反映社情民意信息应当采取组织报送的方式。一般可通过所在基层组织集中报送到党派省市级组织，必要时也可直接报送到党派省市级组织，党派成员个人不能直接报送给党政领导人或党政部门。社情民意信息上报渠道主要是党派省市级组织、中共省市级组织统战部和省市级政协。经上述信息受理部门归纳整理后，酌情报送到中共中央统战部、全国政协、党派中央、中共省市级组织统战部、省市级政协、中共省市级委员会和政府的主要领导人参阅、批示。

三、报送熟悉领域的社情民意信息

要写的社情民意信息稿件，一定是你所熟悉的且能提出自己观点和可操作建议的内容，否则硬写也写不出来。

至于选题，其实没有大小之分，大的选题固然有视点高、视野广的宏观优势，但小的选题也可以"一滴水见大海"，从中揭示出普遍性的问题。只要选题适度，就能写出好信息。

何为适度？这就是社情民意信息稿件作者对所要写的内容熟不熟悉，能不能驾驭这个选题。具体地说，就是要包含这么几个问题，一是情况摸清没有？二是数据是否准确？三是观点有没有新意？四是建议是否可行？

如果这些都心里有底了，那就能写出一篇有质量的信息，否则，就先放一放，再把准备工作做足，再去基层深入调研一下。还有一种情况，就是问题被抓住了，情况也了解一些，原因也知道一些，但还不够到位，那就需要赶紧去"补课"，一是查阅资料，如法律法规、政策等，弄清原委；二是向行家或专业人士请教。

（一）上报的社情民意信息稿件，对领导机关决策应当具有重要参考价值，或对相关问题解决起到积极作用。

例一【原稿】

关于改进高中学业考试（合格考）的建议

6月28日开始，本市2017届高中生将迎来物理、化学、生物、政治、历史五门科目的高中学业考试，即我们通常所说的"合格考"。该考试由教育考试部门统一命题、统一组织、网上统一阅卷，满分100分，考试时间60分钟，不分具体等级，只分合格与不合格，全市不合格比例为2%（有说法是5%）。这样的合格性考试制度，存在并且会造成下列问题：

重点中学绝大多数学生毫无学习压力与动力，反正能通过，考与不考一个样，造成他们平时学习态度的懈怠。"合格考"只分合格与不合格，客观题（选择题）一般要占到各学科卷面80%，主观题（非选择题）仅占20%，试题难度相对较低。正因如此，这样的考试对于综合素质相对较好的市区重点中学绝大多数学生来说，简直考与不考一个样。在整个会考史上,重点中学学生也很少有通不过的先例,让这些学生毫无压力,逐渐造成他们平时上课不投入、作业不认真。各重点高中合格考走班教师均反映,现在学生学习态度极不认真,就算到考前总复习阶段,也还是一副必过的态度,甚至反问老师:"老师,您觉得我会是通不过的那2%吗?"

造成国家人力物力财力和公共资源的巨大浪费。全市5万考生统一考试、统一阅卷,需要多少人力物力财力的支撑?其实,这其中有很大部分是完全不必要的浪费。

造成底层一线教师的不满情绪。高考监考、中考监考,还要学业考监考,然后在暑假里还要去阅卷,打乱了很多老师原有的进修、学习与生活计划,多少会有些情绪。

为此,建议借鉴2011年以前做法,采取"分级考试"制度,逐步改革、完善现行合格考制度,具体如下:

2011年前,高中会考采取市重点中学由学校自行组织考试,其他学校由各区县教研室组织命题的形式。这样的做法,有其科学性与合理性,很好地解决了上述问题。就现行合格考,建议推行"分级考试"制度,即根据学校层次的不同,要求参加考试的学生人数不同,具体为:要求各校学科教师和教导处严格把关,真实客观记录每次平时考试成绩,在此基础上,对部分优秀学生实行"免考"制度,剩下学生参加全市统一的合格考试。建议市重点中学按平时成绩排名,后5%学生参加考试,区级重点中学学生按平时成绩排名,后15%学生参加考试,而普通中学学生按照平时成绩排名,后30%学生参加考试,民办中学按照其实际层次对照上述比例执行。这样做的科学性与合理性,表现在:

一、体现平时成绩的重要性。

高考改革的方向之一,就是要将高考成绩与平时成绩有机结合,我们可以在合格考中先行试点,积累经验,形成可复制、可推广的经验。

二、各层次学生都有学习的压力与努力的动力,将大大有利于改进学风。

如果不努力,就要参加统一的考试;如果努力,学习成绩好,就可以获得免试的资格。这对于任何学生来说都是需要认真考虑与把握的事。

三、权力下放给基层学校。

高考改革的另一方向,就是权力不断下放基层学校,减少行政干预,但是由于种种客观存在的现实原因,这还需要一个过程。合格考可以先行试点,积累经验,形成可复制、可推广的经验。

四、减少人力物力财力的浪费和基层教师的抱怨。

"分级考试"制度,可以在保证考试公平公正的基础上,最大程度上减少不必要的人力物力财力的支出,基层教师的监考与阅卷,可以推行轮换制度,这样就皆大欢喜了。

这种制度,如果基层学校任课教师和教导处严格、客观、如实记录每次考试平时成绩,最后形成学业总评成绩,不通过的学生,一定不会成"漏网之鱼"。但是,由于种种原因,必然会产生学科教师或者学校违规给予高分以逃避合格考的事情发生,建议上级部门要制定与之相配套的事中事后监管措施与抽查制度,建立学校信用记录平台,发现违规违纪问题,严格查处,与学校和学科教师的评级、评优相挂钩,与学生的升学、综合素质评价相挂钩。如果连续发现某校违规操作,上级主管部门可以取消该校"免考"制度,变为全体学生参加合格考,并给予通报批评和相应的处罚。

这篇社情民意信息稿件,聚焦"高中学业考试(合格考)"的议题,对改进高中学业考相关政策和制度体系,有重要的借鉴意义。作者上报后,经过党派组织的确定可以继续上报,于是在专职人员的加工、处理后,形成的"编辑稿"如下:

【编辑稿】

建议改进本市高中学业考试(合格考)

6月28日开始,本市2017届高中生将迎来物理、化学、生物、政治、历史五门科目的高中学业考试,即通常所说的"合格考"。该考试由教育考试部门统一命题、统一组织、网上统一阅卷,满分100分,考试时间60分钟,不分具体等级,只分合格与不合格,全市不合格比例为2%(有说法

是5%)。这样的合格性考试制度,存在下列问题:

1. 重点中学绝大多数学生毫无学习压力与动力,反正能通过,考与不考一个样,造成他们平时学习态度的懈怠。

"合格考"只分合格与不合格,客观题(选择题)一般要占到各学科卷面80%,主观题(非选择题)仅占20%,试题难度相对较低。正因如此,这样的考试对于综合素质较好的市区重点中学绝大多数学生来说,简直考与不考一个样。在整个会考(过去一直是该名称)史上,重点中学学生也很少有通不过的先例,让这些学生毫无压力,逐渐造成他们平时上课不投入、作业不认真,各重点高中合格考走班教师均反映现在学生学习态度极不认真,就算到考前总复习阶段,也还是一副必过的态度,甚至反问:"老师,您觉得我会是通不过的那2%吗?"

2. 造成国家公共资源的巨大浪费。

全市5万考生统一考试、统一阅卷,需要大量人力物力财力的支撑。而考试本身意义不大,造成不必要的浪费。

3. 引发一线教师的不满情绪。

高考监考、中考监考,还要学业考监考,然后在暑假里还要去阅卷,打乱了很多老师原有的进修、学习与生活计划,多少会有些情绪。

为此,建议借鉴2011年以前做法,采取"分级考试"制度,逐步改革、完善现行合格考制度。2011年前,高中会考采取市重点中学由学校自行组织考试,其他学校由各区县教研室组织命题的形式。该做法有其科学性与合理性,很好地解决了上述问题。就现行合格考,建议推行"分级考试"制度,即根据学校层次的不同,要求参加考试的学生人数不同:要求各校学科教师和教导处严格把关,真实客观记录每次平时考试成绩,在此基础上,对部分优秀学生实行"免考"制度,剩下学生参加全市统一的合格考试。建议市重点中学按平时成绩排名,后5%学生参加考试,区级重点中学学生按平时成绩排名,后15%学生参加考试,而普通中学学生按照平时成绩排名,后30%学生参加考试,民办中学按照其实际层次对照上述比例执行。这样做的科学性与合理性,表现在:

1. 体现平时成绩的重要性。

高考改革的方向之一,就是要将高考成绩与平时成绩有机结合,可以在合格考中先行试点,积累经验,形成可复制、可推广的经验。

2. 各层次学生都有学习的压力与努力的动力,将大大有利于改进学风。

如果不努力,就要参加统一的考试;如果努力,学习成绩好,就可以获得免试的资格。这对于任何学生来说都是需要认真考虑与把握的事。

3. 权力下放给基层学校。

高考改革的另一方向,就是权力不断下放基层学校,减少行政干预,但是由于种种客观存在的现实原因,这还需要一个过程。合格考可以先行试点,积累经验,形成可复制、可推广的经验。

4. 减少人力物力财力的浪费和基层教师的抱怨。

"分级考试"制度,可以在保证考试公平公正的基础上,最大程度上减少不必要的人力物力财力的支出,基层教师的监考与阅卷,可以推行轮换制度,这样就皆大欢喜了。

这种制度,如果基层学校任课教师和教导处严格、客观、如实记录每次考试平时成绩,最后形成学业总评成绩,不通过的学生,一定不会成"漏网之鱼"。但是,由于种种原因,必然会产生学科教师或者学校违规给予高分以逃避合格考的事情发生,建议上级部门要制定与之相配套的事中事后监管措施与抽查制度,建立学校信用记录平台,发现违规违纪问题,严格查处,与学校和学科教师的评级、评优相挂钩,与学生的升学、综合素质评价相挂钩。如果连续发现某校违规操作,上级主管部门可以取消该校"免考"制度,变为全体学生参加合格考,并给予通报批评和相应处罚。

(二)结合本职,着眼社会,调研深入,建议可行。

例二【原稿】

关于加强大型公共设施安全通道管理的建议

目前城市复杂建筑群越来越多,其一方面为居民提供了各种生活便利,另一方面也带来了诸多安全隐患,尤其是安全通道的畅通问题。

笔者于2014年5月1日前往世博源(原世博轴)及梅赛德斯奔驰演艺中心就发现了诸多问题。在世博源地下停车库通往地面的人行通道内,无任何照明设施。稍后,笔者在演艺中心6楼就餐,结束后准备下楼,发现所有前往地面的游客,必须乘电梯上下,安全通道不开放,当日人员非常多,仅有的6部电梯,其中2部停运,剩余4部电梯完全不能满足需求,大量人员聚集在电梯门口,当电梯门打开时,人潮汹涌,险象环生,老弱病残根本挤不进去。笔者要求管理人员打开安全通道以缓解人流,但管理人员却认为毫无必要,说紧急时刻再打开,在大量游客强烈要求下,管理人员终于同意打开6楼安全门。同样的,安全通道内照明设备是没有打开的,一片漆黑,当游客摸黑行至地面时,却发现地面的安全门是锁住的,管理人员匆忙寻找钥匙,经过数分钟后,钥匙终于找到了。设想,如果真的发生了紧急情况,这安全通道还能及时发挥作用吗?

上述经历提示笔者,目前我们的大楼盖得确实是富丽堂皇,但内部管理却漏洞百出,尤其是一些隐蔽工程,安全通道形同虚设,物业人员以便于管理为由,常常关闭安全通道,如此这样,真到事情发生时,一切也就晚了。为此,建议加强大型公共设施安全通道的管理,让安全通道真正起到实效。

反映社情民意信息工作,既要围绕大局,也要聚焦准、切口小,还要行文简练,是对综合素质的考验。要求反映人密切联系群众,重点联系本界别群众,深入了解民情,充分体察民意,广泛集中民智,积极反映社情民意信息。如《关于加强大型公共设施安全通道管理的建议》这一信息,就反映了世博源(原世博轴)及梅赛德斯奔驰演艺中心发现的诸多问题,叙述了世博源地下停车库通往地面的人行通道内,无任何照明设施等不安全情况,并就此提出相关建议。

原稿经过编辑后,形成了如下社情民意信息稿件:

【编辑稿】

世博源、梅赛德斯奔驰演艺中心管理存在安全隐患

目前城市复杂建筑群越来越多,一方面为居民提供了各种生活便利,另一方面也带来了诸多安全隐患,尤其是安全通道的畅通问题。笔者5月1日前往世博源(原世博轴)、梅赛德斯奔驰演艺中心就发现了诸多问题。

世博源五一期间创造了日接待游客30万人次的纪录,但在繁荣背后,地下停车库通往地面的人行通道无任何照明设施,而梅赛德斯奔驰演艺中心的安全隐患更甚。演艺中心6楼主要为影院和餐厅,所有来此的游客只能乘电梯上下,安全通道不开放。而五一当天游客非常多,仅有的6部电梯中2部停运,剩余4部电梯完全不能满足需求,大量人员聚集在电梯口,当电梯门打开时,人潮汹涌,险象环生,老弱病残根本挤不进去。笔者要求管理人员打开安全通道以缓解人流,但管理人员却认为毫无必要,说紧急时刻再打开,在大量游客强烈要求下,管理人员终于同意打开6楼安全门。同样的,安全通道内照明设备未开启,一片漆黑,当游客摸黑从6楼行至1楼时,却发现安全门是锁住的。管理人员匆忙寻找钥匙,经过数分钟,钥匙终于找到。设想,如果真的发生火灾等紧急情况,这条所谓的安全通道很可能酿成大祸。

本市一些建筑特别是大客流经过的公共设施虽然建设得富丽堂皇,但内部管理却漏洞百出,尤其是一些隐蔽工程,安全通道形同虚设,物业人员以便于管理为由,常常关闭安全通道,存在严重的安全隐患。因此,有关部门必须加强建筑物特别是大型公共设施安全通道的管理,让安全通道真正起到实效,避免人为酿成安全事故。

(三)结合自身专业特长参政履职,写出社情民意信息。

例三【原稿】

关于在本市公共场所建立母婴室的建议

上海是一个国际化的大都市,但是母乳喂养率却很低。要提倡母乳

喂养,首先就要给新妈妈们提供适合哺乳的环境。试想一个新妈妈带上一个嗷嗷待哺的宝宝已经十分困难,还到处找不到可以给宝宝喂奶的地方,这是多么地尴尬和难堪?因此许多新妈妈都不愿意给宝宝喂母乳,或者就在公厕中给宝宝喂奶。这与城市文明形象严重不符。在世博期间,世博园区内就设置了母婴室,里面分成了尿布区和哺乳区,尿布台上还有干湿两种纸巾;哺乳区的设置是人性化的体现,也是城市提倡母乳喂养,提高人口素质的基本条件。为此建议:

1. 大型商场、楼宇、酒店都需要建立至少一个标准化的母婴室,并且标注在引导牌上。特别是新建的这类场所,要将母婴室列入到规划设计中。母婴室不需要很大的面积,但其中换尿布台和一把座椅是必备的,并且要对公众开放;在已建的这类场所,实施逐步改造,力求实现全覆盖。

2. 母婴室推广进程缓慢,也与缺乏相应标准有关,应通过制定强制标准,推动母婴室变成公共场所的"标配"。

3. 在部分星级标准公共厕所内,设置母婴室,使母婴室能够普及。提高母婴室的覆盖率。要提高母婴室的利用率,在城市地图中标明有母婴室的公共场所。

【编辑稿】

关于在本市公共场所建设母婴室的建议

上海是一个国际化大都市,但母乳喂养率却很低。要提倡母乳喂养,就要给新妈妈们提供适合哺乳的场所。许多母亲外出时都不愿给婴儿喂母乳,或者只能在公厕中喂奶,非常不便和尴尬。世博会期间,园区内曾设母婴室,分为换尿布区和哺乳区,尿布台上还有干湿两种纸巾,广受好评。母婴室的设置是人性化的体现,也是国家提倡母乳喂养,提高人口素质的基本条件。建议:

1. 大型商场、甲级办公楼、三星级以上酒店、三星级以上标准公共厕所、AAA级以上旅游景点等公共场所,都须建设至少一个标准化的母婴室,对公众开放,并在引导牌上清晰标注。母婴室无须很大面积,但尿布台和座椅必备。

2.新建公共场所楼宇应将母婴室列入规划设计,并作为建筑工程验收的指标之一,使其成为"标配"。对已建楼宇则逐步实施改造,实现全覆盖。

3.在本市交通地图上标明设有母婴室的公共场所,方便百姓寻找并提高使用率。

第二节　存在问题的社情民意信息

一、过于简短、差错较多的社情民意信息稿件

（无标题）

有关部门称，为了节能，白炽灯泡一律不准生产销售，要以节能灯和cle取代，而从现实上，许多老小区，公用的均是白炽灯，如改节能灯的话，须化一大笔改装费，因节能灯无法应用在声控延时线路上，为此建议有关部门制定政策，不能一厢情愿，搞一刀切，还应考虑全面。

二、把报道性文字写成社情民意信息稿件

民进会员为孩子送去消暑饮品

5月29日下午，一辆面包车缓缓驶进XX学校的大门，孩子们又看到了那几张熟悉的面容。原来，他们是上海XX消防工程有限公司的叔叔们。今天，他们为即将欢庆"六一"的孩子们送来了儿童节的贺礼，每人一箱牛奶。当孩子们从叔叔手中接过一箱箱沉甸甸的牛奶时，幸福的笑容像花儿一样绽放。一声声的"谢谢"表达不完孩子们的感激之情。

上海XX消防有限公司总经理XXX是民进XX支部会员，他常说，企业发展要不忘回馈社会，自从20XX年6月26日上海XX消防有限公司为学校免费安装独立式烟感报警系统、更换灭火机并签署了终身免费维护保养消防设施设备以来，孩子们经常看到他们熟悉的身影。他们奔赴在校园的各个角落，有时在检查消防设施，有时在抢修消防设备，他们一直默默地为特殊学生保驾护航着。

三、把社情民意信息稿件写成日记

对伪检查说"不"

妈妈工作于饮食行业，现已退休多年。一次，聊起食品卫生，问妈妈当年她们是怎样保证食品质量的，且不造假，不短斤缺两……妈妈感慨地说谁敢呀，总店负责人哪像现在这样，一天到晚坐在办公室里发号施令，他们每天会骑着"老坦克"，到下面各个分店巡视：一查食品质量，如随机抽出几根油条，多少长、分量一一量过；二查食材配料，即每天多少面粉配多少油、糖、盐等，一笔笔需有明细账；三查环境卫生。所以每天工作完毕，大家总是先把剩余的老油倒掉，然后当天余多少量，一笔一画，明明白白写在账上；之后赶紧"打扫战场"，将工作场所清洗得干干净净。因为一旦这些事情有一件没做好，轻者扣奖金，重者降工资，所以谁也不敢懈怠。

听着妈妈一番叙述，我不由想起当今食品卫生检查。不知现在还有多少相关管理部门负责人下基层检查？扳着指头算算，估计一年能有个十次就不错了。即便是下基层检查，那是一种怎样的检查呢？这里，不能说百分之百，那也至少是百分之九十——广而告之，"明天有上级领导来检查质量"，抑或"下周有上级领导来检查卫生"……"集结号"一吹，各家商铺闻风而动，于是，洒扫屋宇，清除死角，遮掩非法……一个个不敢含糊。于是，领导驾到，看到的必定是窗明几净，必定是产品质量顶呱呱。于是，一番汇报，一番表扬，一番……于是，最终总结：检查获得圆满成功，云云。

这也是检查，只是这般检查有效吗？如果有效，为什么食品卫生事件层出不穷？可见，这种检查只能算是"伪检查"，真希望相关部门能多学学老一辈的踏实工作作风，真正将老百姓的健康及商家的信誉放在首位，让这种"伪检查"尽快"销声匿迹"。

四、过于空泛的社情民意信息稿件

关于深化城市低碳理念、建设低碳环境的几条建议

去年以来，随着空气质量的恶化，全国特大城市如北京、上海等连遭

雾霾天气影响,PM2.5 严重超标,老百姓的正常生活秩序受到影响、健康受到危害,环境危害加重。这种灾害性天气的频繁出现,再次提醒我们,低碳、环保何等重要! 举国上下、全体公民都应该立即行动起来,从自身做起,积极投入到身边环境的保护中去,低碳生活、低碳工作,切实将绿色理念融入工作和生活。以下是几条建议:

1. 随着城市化进程的加快,垃圾处理问题日益凸显。垃圾分类是垃圾末端处理的前提,进一步搞好垃圾细致分类回收,对低碳生活有着重要的意义。建议每一处垃圾桶分三类并列排放,分别是纸质书籍等等可回收再生资源、废旧手机等电子垃圾和一般生活垃圾。分别标示不同颜色,以示区分。

2. 大中小学生课本等循环使用。

3. 工作档案要电子存档,少量根据需要打印。上级部门尽量减少检查、评比。

4. 减少办公室浪费,开启空调时,关门窗。

5. 大报如《光明日报》《文汇报》等不摊派订阅,减少印数即减少伐木数量。

6. 电动车推广应该再次慎重考虑、综合评估,蓄电池寿命短,生产过程能源消耗更大,在上海这样的城市电力的获得本身资源消耗很大。

7. 坚决禁烟,特别是在公共场所。烟在不完全燃烧的情况下会产生很多微小的颗粒物,悬浮空气中,有害物质就附着在这些微小颗粒物上。

8. 会议、培训减少一次性杯子使用,或收费使用。

9. 不用或少用一次性物品。

五、缺乏可行性的社情民意信息稿件

关于在区内发挥民主党派成员作用,加大食品卫生、交通等监管力度的建议

近期,关于食品卫生出问题和交通事故频发的新闻屡屡见报,而有关部门则由于人手不足,无法及时发现问题。其实应该发挥民主党派成员

作用,加大食品卫生、交通等监管力度。

现在,虽然民主党派也受邀担任行业监督员,但人数太少,且基本上是市一级的监督员。能不能多聘任一些区级的监督员,甚至可考虑聘任街道一级的监督员,只对本街道和本区的食品和交通进行监管,或者只做些取证的工作。例如,现在卖食品的小摊贩很多,有的根本没有食品卫生许可证和执照,监督员可先拍照取证,再请管理部门查处。又如现在中小马路上乱停车现象严重,能否先由监督员拍照取证,再由民警进行处罚。总之,如果多聘请一些监督员,对饭店、交通等监管,就一定能取得良好效果。

第三节　社情民意信息稿件编辑

一、社情民意信息稿件的编辑工作

（一）编辑和社情民意信息稿件的编辑工作

编辑，作为一种职业来说，是指报刊、图书、广播电视、音像、互联网及其他传播媒介欲传播的内容出版过程中和问世前，有关组稿、策划、审读（视听）、编选、修改润色、整合加工等的一种专业性工作。它是出版物（内容）定稿、传播前的重要环节。而编辑工作者则是最终的把关者、"守门人"。

社情民意信息稿件的编辑工作，是指受理该项稿件的单位（政协机关、民主党派机关等机构）专门从事社情民意信息稿件的收集、选择、修改、校正、审核、上报的一项专业性工作。

（二）社情民意信息稿件编辑的地位和使命

社情民意信息稿件的编辑人员在对政协委员、民主党派成员等上报社情民意信息稿件的编辑过程中，承担着主导性、整合性、把关性的工作，是反映社情民意信息工作的"总集成"和"总把关"，因此在整个社情民意信息反映活动中起着"决定性"的作用。

二、社情民意信息编辑的素质

（一）理论修养

理论修养首先是指马克思主义的唯物论和辩证法，它是人们正确认识世界的指南。只有理论根底打好了，从事社情民意信息的编辑才能在实际工作中，在纷繁复杂的事物与人们活动过程中，抓住特点和本质，较好地发现和解决问题；在处理社情民意信息稿件时，能全面地用发展的眼光看待问题，遵循事物运动的客观规律，正确地反映事实和其发展趋势，发挥最大效能。

理论修养的高低还体现在对党的思想政治路线、国家的方针政策的把握上。无数实践证明，在同样的事实面前，具有较高理论修养的社情民意信息稿件编辑，能处理出与众不同高人一筹的高质量反映社情民意信息的稿件。

（二）知识视野

社情民意信息编辑只有开阔知识视野，形成多元化、主体化的知识结构，才能正确有效地"慧眼识珠"，才能把政协委员、民主党派成员所反映的社情民意信息稿件处理得体而生动。

在社会瞬息万变、信息层出不穷、科技日新月异的今天，各个领域的新知识越来越多，社情民意信息编辑必须向知识密集型转变。社情民意信息编辑应不断关注新知识，学习新知识，不能满足于原有的知识。

（三）探索精神

进入新时代，在百年未有之大变局的复杂多变的背景下，社情民意信息编辑既要"守正"，更要"创新"，有所突破，有所前进，才能不断地、及时地上报高质量反映社情民意信息的稿件，为相关决策部门提供可靠可行的决策依据，才能担当起建设富强、民主、文明、和谐的中国式现代化国家。

（四）职业道德修养

社情民意信息编辑工作的性质，决定了其对国家社会负有的重大责任，所以社情民意信息编辑在与人相处、与社会相处时，要遵循特定的职业行为规范。此外，还要有全心全意为人民服务；遵守宪法、法律和纪律；维护社情民意信息的真实性；保持清正廉洁的作风；发扬团结协作精神。

社情民意信息编辑始终是为人做"嫁衣"的无名英雄、幕后英雄。所以，在这个意义上说，社情民意信息编辑更需要职业道德修养和涵养、情操，应把自己锤炼成一个高素质的人、高尚的人、纯粹的人。

三、社情民意信息编辑的业务能力

（一）整合把关的能力

根据有关条例规定，反映社情民意信息稿件的编辑工作要坚持双向发力，把议政建言、凝心聚力作为社情民意信息工作的内在要求和重要功能，落实到全过程各环节。要坚持质量优先，注重社情民意信息的真实性、针对性、实效性，不断总结实践经验，加强能力养成。社情民意信息的编辑要充分发挥稿件的主导性、整合性、把关性作用。在不断的修正、调整过程中，需要因应社情民意信息作者给予的一定指导，包括提炼主题、开掘题材、选择角度，追求创新和良谋，在着眼于反映社情民意信息稿件效果优化的过程中，发挥高智商、高情商的不凡能力。

（二）宏观在胸、微观在握的能力

社情民意信息稿件的编辑不仅要关注国内外的信息、动态，还要能在风云变幻中"慧眼"独具、"嗅觉"灵敏，发现、捕捉到社情民意信息稿件的作者尚未发现或发现后正处于"山重水复疑无路"，而难以找到"突破口"的社情民意信息稿件的线索或题材。此时，社情民意信息稿件的编辑要以宏观在胸、微观在握的能力，对作者进行高屋建瓴的点拨，使作者"柳暗花明"。诚然，这种能力是理论修养、政策把握、哲学智慧、合理的知识结构和文字功底等的综合作用，也是社情民意信息稿件编辑工作融合分析锤炼升华的结果。

（三）创新突破的能力

创新的本质含义就是敢于和善于突破传统，有所发现，有所创造，有所前进，做到人无我有，人有我新，人新我特，人特我专。社情民意信息稿件编辑人员是否具有创新能力，关系到社情民意信息报送工作的成果。因此，在"内容为王"的时代，社情民意信息编辑，必须时时以观念创新、意识创新带出行动创新和结果创新。

（四）编辑稿件的能力

社情民意信息编辑是一项非常专业的业务工作，因此从事这项编辑工作的人员必须具备稿件写作、文稿编辑、评价稿件，样样拿得起来的能力。其中的写作能力主要指编辑修改稿件、制作标题的文字运用能力。而编辑修改稿件绝不是简单地改改错别字和标点符号，其中的许多深层次问题，没有广博知识、深邃思想和理论修养等，是无法应对的。当然，编辑的文字功底、语言表达和较高的写作水平，则是基础性的能力。

四、社情民意信息编辑应遵守的规范

（一）职责规范

1. 社情民意信息编辑，应将工作列入重要议事日程，制定目标、任务和要求，建立健全规章制度，指导和督促相关工作，指导和帮助社情民意信息作者开展工作；把开展社情民意信息作为日常工作，规范社情民意信息的收集、编辑、签批、报送、反馈和统计、存档、保密等工作，及时、逐级上报社情民意信息，确保时效性；重要社情民意信息即收即报；做好编发工作手册，推广优秀案例和经验，推动方式方法创新。

2. 社情民意信息编辑，应当定期学习有关理论、方针、政策，分析社情民意动态，研讨社情民意信息工作，查找问题，制定措施；充分发挥社情民意信息作者的积极性，并为作者反映社情民意信息做好指导、协调和服务。

3. 社情民意信息编辑，在会议、调研、联谊等活动中及时收集和报送社情民意信息，在议政建言工作中充分利用社情民意信息；同时要执行保密制度，对涉密社情民意信息，要通过规定方式报送，不得擅自公开传播涉密内容、社情民意信息的采用和批示情况。

（二）业务规范

1. 纠正政治方面的差错

这是最重要的，这方面一旦出现差错，就会造成难以挽回的影响。

社情民意信息稿件中如果出现与党和政府的基本理论、思想、路线、方针、政策有违的观点和提法，要注意纠正。比如，我们党坚决反对搞多党轮流执政，反对搞西方资本主义国家的那种"三权分立""互相制衡"的体制。中国共产党是中国工人阶级的先锋队，同时是中国人民和中华民族的先锋队，是中国特色社会主义事业的领导核心。中国共产党始终代表中国先进生产力的发展要求，代表中国先进文化的前进方向、代表中国最广大人民的根本利益，是全国多民族根本利益的代表者，党始终全心全意为人民服务。必须坚持共产党的领导，走中国特色的社会主义道路。如果稿件中出现赞同或赏识"多党轮流执政"的内容、观点，就必须纠正。又比如，国际方面，我们与朝鲜、古巴、越南、老挝同属社会主义国家，都是由共产党领导，意识形态相同。我们可以在非公开场合议论、评判它们的政治、经济、文化、人民生活的种种长短，甚至弊端，但是在我们的社情民意信息稿件中不能出现对它们的贬损性的字眼。涉及历史恩怨的，也要尽量予以淡化。还有就是必须维护国家主权完整统一，不能把台港澳误称为国家，在社情民意信息稿件中不能将台湾与主权国家或国家集团同列，也不能将台湾与主权国家为成员的国际组织同列。有明确陈述为经济体和非国家行为主体时，可酌情例外。

2. 纠正事实性方面的差错

（1）要有真实性

真实是反映社情民意信息的生命，在一篇反映信息的稿件中哪怕有一点点细节与事实不符，有时也会产生严重后果。

（2）要有准确性

这是指事实成分的准确，语言表达的准确，数字、计量、引语等的完全准确无误！如果社情民意信息稿件出现任何差错，就会留下遗憾，重大的差错不仅会留下"笑柄"，还有可能产生严重后果。还必须指出的，许多细节上的准确性要特别注意，人名、地名、机构名称不能错，特别人名不能错。

（3）要符合科学性

社情民意信息稿件不能违背科学性，稿件中涉及的自然科学和社会科学方面的知识必须正确。这类稿件常常在编辑修改这一环节会被发现，所以在审阅它们时不能掉以轻心，必须开动脑筋，深入思考，而不是一目十行，只看语气是否通顺、有无错别字。所以，提倡社情民意信息稿件编辑要当"杂家",需旁通、粗通其他行业和学科的一些知识。

比如,现在我国已初步建立市场经济体制,社情民意信息反映的经济内容也会不断增多,这就要求编辑一定要掌握财经类方面的基本知识,要恪守"专业精神"。否则,一旦误读了就会误导广大受众。

3. 避免各种不当

不当,即不妥当,虽然不属"差错"类,但有些社情民意信息稿件中的不当提法,不当用词,不当评判,编辑也绝不可掉以轻心。

4. 善于发现深层次问题

一是某些与传统道德观相违背的倾向也应注意辨别。二是对涉及意识形态的问题不能疏忽。

五、社情民意信息编辑要避免八种倾向

(一)面面俱到

在编辑社情民意信息稿件时,不要总担心说得不够全面,把摊子铺得非常大,大问题中套小问题,小问题里还套小问题,十分繁琐。

(二)语言不精练

社情民意信息稿件如同鲁迅说杂文那样"是投枪""是匕首",所以要避免语言不精炼的情况,做到惜墨如金,凡与表现主题无关的话以及不必要的重复和解释应该坚决删除。

(三)穿鞋戴帽,入题太慢

应该直截了当、开门见山地把事实写清楚,切不可文字拖沓,空话、套话、废话连篇。

(四)缺乏必要的背景交代

编辑在处理有些社情民意信息稿件时,应注意交代所述事项背景,如果不这样的话,就会使受理部门忽视信息的实际价值。

(五)结构不合理

一般情况下,社情民意信息稿件是把主要事实放在前边写,然后再写过程或原因、提出建议,以适应领导工作的需要。如果把原因和结果混在

一起,原因中有结果,结果中又有原因,就会使人读后理不出头绪,不知所云。

(六)忌详简不当,内容空洞或啰嗦

社情民意信息稿件应该简练,但在表达上哪些需要简述、哪些需要详谈,要根据所要表达的主题来把握。把握不好,就有可能详简不当,空洞无物,影响原意的表达,比如"加强领导""组织到位"等等这样词语表达既空洞,又乏味。要根据具体的信息,做好具体的处理。

(七)使用语言和标点符号不准确

编辑社情民意信息稿件时,要用词恰当,符合语法,逻辑严谨。切忌生造名词,乱加形容词。同时还要注意正确使用标点符号。标点符号使用不当,会影响信息的准确性,贻误工作。

(八)技术规格不够规范

社情民意信息稿件在引用人名、地名等名称时不能随意简化,所用字体、统计数字、计量单位等也要规范。

第四节　报送社情民意信息的意义

党的二十大报告提出,以中国式现代化推进中华民族伟大复兴,发展全过程人民民主,保障人民当家作主。全过程人民民主是社会主义民主政治的本质属性,是最广泛、最真实、最管用的民主。健全人民当家作主制度体系,扩大人民有序政治参与,保证人民依法实行民主选举、民主协商、民主决策、民主管理、民主监督,发挥人民群众积极性、主动性、创造性,巩固和发展生动活泼、安定团结的政治局面。

发展全过程人民民主,是中国特色社会主义进入新时代后推动中国式民主的新命题、新理念、新部署,是当代中国民主政治发展的生动实践。全过程人民民主也为各级人大代表、政协委员和民主党派成员,通过反映社情民意信息这个广阔的空间和宽广的平台,参政议政、民主监督、建言献策。真实、及时、准确反映社情民意信息是参政议政最大口径的渠道,体现了新时代党的统一战线工作重要思想的理论意义和实践价值,更是发展全过程人民民主的重要课题。

全过程人民民主作为习近平新时代中国特色社会主义思想的最新成果,作为社会主义民主政治实践的中国形态,是中国共产党在民主探索实践过程中的又一重大理论和实践创新,梳理、分析学界的相关成果,对进一步落实和完善社会主义民主政治具有重要意义。

反映社情民意信息是民主党派基层组织的一项经常性、基础性、全局性工作,所收集和反映的信息在一定程度上体现了党派围绕中心、服务大局的能力和水平。

基层组织在开展反映社情民意信息工作时,一是要建立信息员网络制度,有专人分工负责;二是要广泛宣传,积极鼓励和组织广大社员撰写信息;三是要及时召开基层领导班子和信息员专题会议,就拟报信息中反映集中的主要问题进行深入讨论,集思广益,形成集体信息。这样的信息往往更具有代表性,更容易被相关部门采用。

做好社情民意信息工作不仅是履行参政党职能的基本要求,而且还可以丰富基层组织的活动内容,发挥党派成员的人才智力优势,提高党派成员的参政议政能力,增强党派成员之间的沟通联系,提高基层组织的凝聚力。

社情民意信息是民主党派成员履行参政议政职责的重要渠道,也是衡量其工作水平的重要标尺。民主党派成员是我国政治生活中一支重要的政治力量,是我国新型政党制度的重要制度主体。在中国革命、建设和改革的各个历史时期,民主党派成员都发挥了非常重要的作用。

这种作用发挥与中国共产党始终不渝追求民主价值、不断发展全过程人民民主的实践进程息息相关。新征程发展全过程人民民主,既为民主党派成员作用发挥提供了更为广阔的舞台,也为探索民主党派成员作用发挥路径指明了新的方向。

1. 反映社情民意信息是民主价值追求的直观反映

习近平同志在中央人大工作会议上的讲话中指出:"民主是全人类的共同价值,是中国共产党和中国人民始终不渝坚持的重要理念。"发展全过程人民民主是中国共产党遵循全人类共同价值理念,发展社会主义民主政治,建设更加广泛、更加真实和更加管用的人民民主的实践过程。在这个过程中,反映社情民意信息是民主价值追求的直观反映。我们所说的社情民意信息,就是指能够反映国家大政方针的社会生活基本情况以及人民群众对关注的热点问题所表达的真实意见和愿望。

发展全过程人民民主,就是坚持中国共产党的本质属性、践行中国共产党的根本宗旨的必然要求。中国共产党历来坚持人民主体地位,注重把保护人民权利、增进人民福祉与汇聚人民智慧、集中人民力量有机结合起来,不断满足人民日益增长的美好生活需要。发挥反映社情民意信息在发展全过程人民民主的作用,其本质和核心是不断完善人民当家作主,其发展目标就是要完善一切权力属于人民,充分实现人民的民主权利。从这个意义上说,发展全过程人民民主意味着人民民主权利的更广泛、更有效的实现。

反映社情民意信息这种民主形式，不仅仅是因为民主党派成员作为单个民主权利主体，更为重要的是，民主党派成员作为社会联系广泛和社会影响较大的政治身份，拥有团结凝聚广大统一战线成员的社会责任，承担着在所联系成员和群众中的引领示范作用和辐射带动效应，可以更好地共同实现全体人民获得更为广泛民主权利的价值目标，有利于社会各方面有序参与国家政治生活，发展全体人民的民主权利，激发全体人民的创造精神。

2. 发展全过程人民民主，促进民主党派成员履职

反映社情民意信息是民主党派成员参政议政、民主监督和政党协商工作的要求，要促进社情民意信息与提案、发言、建议等相互转化和利用，必须推进社会主义民主政治制度化、规范化、程序化，这是发展全过程人民民主的基本规律和长效保障。

制度作为发展全过程人民民主的可靠保障，影响着民主形式、民主渠道和民主方式，决定着民主价值的发展程度和发展效果。事实上，民主的制度化过程，就是民主价值理念和民主发展目标逐渐确认、规范、促进、保障的创新实践和成熟完备过程。通过科学有效的制度安排，建立起人民民主与国家意志的统一，以适应不断发展的民主权利要求，全方位保障人民日常政治参与的有序进行，巩固和发展生动活泼、安定团结的政治局面。

中国共产党在发展全过程人民民主的实践中，高度重视民主制度建设，创造了人民代表大会制度、中国共产党领导的多党合作和政治协商制度、民族区域自治制度、基层群众自治制度等制度载体，形成了一整套扎根本国土壤、适合本国国情、具有显著优势的全面、广泛、有机衔接的人民当家作主制度体系，为全过程人民民主的发展提供了有效保障。要使完整的制度程序真正发挥制度优势、达成制度目标，还需要发挥好制度体系保障和制度主体作为两方面的合力。这既要求制度规则和制度程序提供满足制度主体实现制度目标的需求，又需要制度主体恪守制度要求，严格履行自身职责，维护制度权威的行动。

在我国民主制度体系中,民主党派成员承担着参政议政、民主监督和民主协商等基本职能,其履职状况直接关联着制度优势和制度执行的实际成效。同时,他们自身更宽泛的界别、更超然的地位和更专业的优势,在政治参与、凝聚共识、优化决策、民主监督等方面具有独特优势。因而支持他们履行职能,最大限度调动他们的积极性,发挥他们运用反映社情民意信息在发展全过程人民民主中的作用,对于彰显社会主义民主制度优势,增强制度的权威性和执行力,增强制度实践效能具有更加重要的意义。

3. 反映社情民意信息,提升民主党派成员履职能力

真实、及时、准确反映社情民意信息,是发展全过程人民民主的重要特征和要求,凸显了人民群众的广泛政治参与。为了保证人民在日常政治生活中广泛有序深入切实参与的权利,建立了完整的参与制度,民主选举、民主协商、民主决策、民主管理、民主监督各个环节相互贯通,形成彼此连接的全链条运作机制,逐步实现过程民主和成果民主、程序民主和实质民主、直接民主和间接民主、人民民主和国家意志相统一,确保党和国家在决策、执行、监督、落实各个环节都能体现人民意愿,在各个方面都能听到人民声音。这就需要参与全过程人民民主各程序环节的主体必须具有相应的履职能力,以确保全链条各环节的正常运转。民主党派成员是全过程人民民主各环节的重要参加者,是党和国家治国理政的重要力量,要协助党和政府做好凝聚共识、化解矛盾、反映意见、维护稳定等工作。这对于保证党和国家治国理政的重大决策充分汲取人民的意见和建议、党和国家治国理政的政策措施有效维护人民的意志和权益、党和国家治国理政的各项工作得到人民的真正认可等方面具有重要作用。这无疑对民主党派成员履职能力提出更高要求。民主党派成员既需要准确把握党和国家的中心大局,找准"国之大者"与"民之盼者"的结合点,又必须深入调查研究,发挥专业特长,提高政治把握、参政议政、政治协商、民主监督等方面的履职能力,切实将自身的真知灼见汇聚到党和国家治国理政的具体实践中。

延伸阅读

湖北民进:"三点一线"让反映社情民意信息更有合力

在民进中央的高度重视与正确领导下,民进湖北省委会始终坚持把了解社情民意、反映社情民意信息,作为履行参政党职能的重要任务和加强自身建设的重要抓手,充分发挥组织优势、民进界别特色、会员本职专业专长、品牌活动优势等,将提质增效贯穿于反映社情民意信息工作全过程。

通过不断摸索与尝试,省委会总结出"三点一线"式信息工作法,推动信息工作迈上新台阶,即从领导层的重视和决策,到职能部门的贯彻和执行,再到会员的响应与结合,最终形成"1+1+1>3"的合力。

领导率先垂范,带动会员积极撰写社情民意信息

湖北省委会领导充分发挥表率作用,分别就各自研究擅长的领域撰写信息。省委会主委周洪宇执笔的教育立法类信息,省委会副主委杜耘执笔的科技、环保类信息,省委会副主委孟晖执笔的教育类信息,省委会专职副主委周建元执笔的农林、民生类信息,省委会原副主委叶青执笔的经济改革类信息,这些信息针对性强,切实可行,经常被中央层级采用并获得有关部门的高度重视。如2020年周洪宇执笔的《关于通过消费券工时补贴和退税"组合拳"保民生稳经济的建议》《坚持统筹谋划 积极应对西方发达国家留学政策突变》被全国政协采用,有力带动了广大会员参与反映社情民意信息工作。

省委会领导还定期带队下到各市委会或直属基层支部,与基层会员进行面对面座谈,了解基层会员的想法和困难,大力宣讲撰写社情民意信息的方法,引导会员结合自身专业参政议政。

在省委会领导率先垂范和悉心指导下,全省广大民进会员积极参政

议政，结合自身优势，撰写社情民意信息，稳定了高质量社情民意信息来源渠道。

加强骨干培训，提高会员建言献策能力

根据工作安排，湖北省委会不定期召开多次专委会工作会议，在会议上集思广益，有针对性地讨论社情民意信息选题，强化社情民意信息知识，拓宽社情民意信息来源，不断提高骨干会员的参政议政能力。

调研室作为职能部门居于一线之中，注重团队力量，要求成员拧成一股绳，形成工作合力，起到了重要纽带作用。2020年在省社院举办了52人参加的骨干会员培训班，邀请湖北省委统战部信息处专家、省委党校专家等进行专门授课，并要求参训学员听课后提交一篇社情民意信息，以此加深新会员对社情民意信息工作的理解，为今后更好地结合专业参政议政打下基础。

为扎实促进省委会信息工作提质增效有新发展，省委会计划今年开展"百人骨干计划两室牵引行动"，以省委会青年工作委员会为依托，建立百人骨干联络群，通过重点课题调研、读书会、恳谈会等各种活动，组织叶青议政室、李长安议政室开展针对性、实用性、前瞻性强的信息工作讲座，开展横向学习交流，挖掘信息素材，发现信息人才，进一步扩大社情民意信息工作参与面，形成高质量信息上报。

发挥专业优势，打造高质量社情民意信息

让各级组织结合选题，发挥自身优势，撰写社情民意信息。湖北省委会调研室再从中遴选出符合条件的信息，进行整理，有针对性地进行报送。这种常规性的信息征集办法，让社情民意信息的数量、质量得到基本保证。

除了以上的常规办法，省委会还有针对性地联系相关专业会员，建立《民进湖北省委会参政议政人才库》，使信息约稿做到有的放矢，引导他们在自身研究领域进行参政议政延伸，形成社情民意信息。例如湖北大学委员会的梅惠，她是湖北大学资源环境学院副教授，2020年，她执笔撰写

的《关于加强城市疫后环境跟踪及影响评价的建议》被中央统战部《零讯》专刊采用。今年梅惠同志继续深耕环境领域,向省委会提交了《关于加强我国抗生素耐药基因环境污染治理的建议》,被民进中央采用。

把握关键节点,把握社情民意信息时效性

社情民意信息具有"短平快"的特性,文字简短,报送灵活,传递速度快,随时反映、随时编辑、随时签发、随时上报。把握信息的时效性是社情民意信息发挥作用的关键环节。特别是在2020年初新冠肺炎疫情在武汉暴发,1月8日,武汉市第一医院呼吸内科主任、民进湖北省委会医卫委员会委员罗光伟,凭着敏锐的职业嗅觉判断此次疫情非同寻常,他结合了自己一线的工作情况,有感于传染病应急救治能力不足问题,在凌晨3点起草完成了《关于解决我国传染病公共卫生应急救治"最后一公里"问题的建议》。该建议迅速被湖北省委会作为重要社情民意信息,反映到民进中央、湖北省政协、湖北省委统战部,武汉市委、市政府。

随着疫情的逐步严峻,省委会反映建议更加专业化、系统化,组织成立了民进医卫"新冠肺炎"医学专家顾问组,问计于广大一线医卫工作者,建立了疫情建议报告制度,并安排专人24小时收集整理,对于重要反映社情民意信息随收随报,半小时内完成整理修改报送动作,争分夺秒,全口径报送,争取让社情民意信息最快速度呈送高层,取得最佳效果。

1月21日,疫情出现重大变化,省委会根据周洪宇主委指示,发挥"两报"直通车优势,与民进武汉市委会共同修改整理《鉴于目前2019-nCoV已出现扩散态势,建议省市政府加强传染病专科医院应急救治能力,积极引导群众科学应对疫情,坚决打赢疫情防控战》的建议,作为省委会《社情快报》(2020年第2期)分别呈送中共湖北省委省政府,中共武汉市委市政府。建议迅速得到了省委省政府、市委市政府的高度重视,时任省长王晓东、常务副省长黄楚平分别根据建议作出重要批示。

2020年是湖北历史上极不平凡的一年,战疫、战洪、战贫三战叠加,挑战前所未有。中国地质大学(武汉)教授、教育部长江三峡库区地质灾害研究中心特聘教授李云安,中国地质大学(武汉)材化学院副教授、民进

中国地质大学(武汉)支部主委沈毅结合自身地质专业背景,针对恩施的特殊地质地貌,判断在这种较为极端的气候下极易形成规模各异、成因复杂、危害严重的滑坡地质灾难。7月13日及时撰写社情民意信息《关于强降雨雨情下湖北恩施州急剧上升的滑坡危害及防治建议》,并在第一时间得到了湖北省委书记应勇的批示并重点督办。该建议对7·21恩施市屯堡乡马者村滑坡的预防和减灾起到了积极的作用;此外,还发挥中科院支部专家会员智慧和力量,联系江西民进,为江西防汛指挥部开展防汛救灾提供决策参考。

完善管理制度,提高社情民意信息工作奖励层级

反映社情民意信息工作是一项政治性很强的工作。为使社情民意信息工作规范化、程序化、制度化,湖北省委会制定了《民进湖北省委会社情民意信息工作暂行办法》《民进湖北省委会参政议政成果稿费管理办法(试行)》等制度,从实地调研、撰写建议、征集建议、整理编辑、审签报送及考核奖励方面对社情民意工作进行规范,建立了社情民意信息工作征集、报送、反馈的长效机制。

为有效激励广大会员积极建言献策,2020年,省委会在原有的年度评选"参政议政贡献奖""十佳提案""十佳信息""十佳市级组织参政议政成果"基础上,结合履职能力建设年活动,开展了"人人都是信息员"的专题活动,评选"反映社情民意信息优秀市委会""反映社情民意信息优秀省直基层组织""优秀信息员"。推广会员履职积分制管理办法,开展反映社情民意信息"奖励行动",积极推荐骨干会员的调研成果参与省委和省政府各部门的评奖,如湖北省优秀调研成果奖、湖北发展研究奖、湖北省环境保护政府奖、湖北湿地保护奖等,切实提高广大会员反映社情民意信息的积极性和主动性,为省委会反映社情民意信息工作提供了有力支撑。

原载民进网2021年8月17日

07 第七章
社情民意信息的转化与传播

第一节 传播的要素和特点

一、传播的基本要素

（一）传播的基本认识

传播的主体是事实真实性。传播概念有广义与狭义之分。广义上，除了发表于报刊、广播、互联网、电视上的评论与专文外的常用文本都属于新闻，包括消息、通讯、特写、速写(有的将速写纳入特写之列)等等。狭义上，消息是用概括的叙述方式，以较简明扼要的文字，迅速及时地报道附近新近发生的、有价值的事实，使一定人群了解。传播内容一般包括标题、导语、主体、背景和结语五部分。前三者是主要部分，后二者是辅助部分。写法以叙述为主兼或有议论、描写、评论等。

（二）传播过程构成要素

1. 传播者

又称信源，指的是传播行为的引发者，即以发出讯息的方式主动作用于他人的人。

2. 受传者

又称信宿，讯息的接收者和反应者，传播者的作用对象。

3. 讯息

由一组相互关联的意义符号组成，能够表达完整意义的信息。

4. 媒介

又称传播渠道、信道、手段或工具，媒介是讯息的搬运者，也是将传播过程中的各种因素相互连接起来的纽带。

5. 反馈

受传者对接收到的信息的反应或回应，也是受传者对传播者的反作用。

6. 功能

环境监视功能,社会协调功能,社会遗产传承功能。

二、传播的特点

传播的基本特点是社会信息的传递或社会信息系统的运行。它是人类通过符号和媒介交流信息及其发生相应变化的活动。是人类的活动,是信息的交流,它离不开符号、媒介,它的目的是希望发生相应的变化。

（一）传播有以下基本特征：

1. 社会传播是一种信息共享活动。

2. 它是在一定社会关系中形成的,也是一定社会关系的体现。

3. 从传播的社会关系性而言,它又是一种双向的社会互动行为。

4. 传播成立的重要前提之一就是传受双方必须要有共通的意义空间。

5. 传播是一种行为,是一种过程,也是一种系统。

（二）传播的价值

1. 人们彼此关怀、共享世界的方式：意义和情感的构成。

2. 确证自我的方式：生存坐标、路标。

3. 社会调节的方式：观察、守望、决策、社会运行的保障。

（三）网络传播的特点

网络传播的特点包括互动性、即时性、个性化、传播成本费用低、权利平等性以及多元性。网络传播就是指通过计算机网络的信息传播活动。它是传播学的一个分支,是传播学的子学科。

（四）新媒体传播的特点

1. 交互性较强

在新媒体时代中信息传播渠道多元化,受众可以自主地参与到传播系统中,交互性较强。

2. 海量化信息承载功能以及信息碎片化

新媒体凭借强大的技术手段使得海量化的信息以简短精炼的形式得

以存贮于平台上,信息传播较为碎片化。

三、新闻发布机制

新闻发布机制已经在各级政协、各民主党派组织中普遍实施。随着社情民意信息工作的加强,更推动了新闻发布制度的形成。

新闻发布会和新闻发言人制度是新闻发布机制的最常见的形式,也是社情民意信息向社会发布的最重要形式。此外,新闻发布还有新闻通气会、新闻调查会、媒体访谈、新闻通稿等多种形式。

（一）新闻发布会

新闻发布会是新闻发言人向邀请的新闻媒体发布新闻或介绍情况,定期或不定期对外发布重点反映社情民意信息的承办进展、通报有关社情民意信息工作和调研活动安排等信息的重要途径。新闻发布会分为定期新闻发布会和专场新闻发布会。新闻发布应当坚持紧紧围绕全局中心工作,把握正确舆论导向,全面、正确、及时、主动地向社会介绍施政情况,用事实说话,以此获得舆论的肯定。新闻发布会是普遍采用的信息发布形式,因此影响力最大,引导作用最显著。

（二）新闻发言人

新闻发言人一般由民主党派组织中分管新闻宣传工作的领导（或者由领导指定的人员）担任。新闻发言人的主要职责是审查本单位（部门）新闻发布的内容,确定宣传报道口径,向新闻媒体通报可公开传播的信息,审阅新闻稿件,安排和接受记者采访。

（三）新闻通气会

主要是向邀请的新闻媒体通报新闻信息。民主党派组织中的新闻发言人以主持人的身份出席新闻通气会,旨在保持党派组织相关信息的畅通,加强与新闻单位沟通情况,增进了解,增强与新闻单位的工作联络和感情联系。

（四）新闻调查会

又称新闻座谈会,是一种常见的集体访问形式。对于情况错综复杂、矛盾众多的问题,经过座谈会使各方面人士从不同角度、不同层次发表看法和意见,有利于把握全局,弄清事实真相。

(五)媒体访谈

召见新闻媒体发表谈话或接受记者采访发布新闻。此类新闻发布带有解释性,是以定向新闻媒体为主的新闻发布形式。比如,第十届全国人大代表、湖北省统计局原副局长、中南财经政法大学教授叶青,被称为"公车改革第一人",曾连续8年上书全国两会呼吁进行公车改革。

他的出行理念概括为"3510":3公里走路;5公里骑自行车;10公里以上还得开车。叶青的做法被称为"一个人的车改",于是经常被新闻媒体围堵采访。下列就是其中的一则采访:

此前:1 200元交通补贴需"曲线节约"

法制晚报(下为FW):作为副厅级干部,您在实行"一个人的车改"过程中,单位给您发多少交通补贴?

叶青:每个月单位给我发1 200块钱的交通补贴,这个数字和昨日中央公布的规定几乎是完全吻合的。规定说,局级干部1 300元,这样算,副局级干部约在1 200元。所以当看到这个数字,我都笑了!非常准确。

实际上,这1 300元的交通补贴经历了3次变化。2003年5月20日,我来了统计局后就辞了司机,开始拿500块钱交通补贴。2008年,补贴就从500增长到1 000元。从去年开始至今,补贴提到1 200元。补贴增长的依据就是油价上涨。

FW:拿交通补贴财务上如何走账?

叶青:因为之前还没车改,也没有相关规定,所以公车的车队帮我搞了个特殊的办法,让我和他们一样办了个油卡,每月充值交通补贴。

看起来很简单,但是在财务上并不太好做,1 200元交通补贴没有地方走账。没有车改之前,没有相关的财务制度,因为交通补贴的问题,我还需要专门向财务和审计部门进行解释,写说明材料,告诉他们每年我可以节约8万块钱。

所以,他们很早就知道,统计局有一干部,没有公车,交通补贴是通过油卡走账的。

从这点来看,我们的制度是有问题的,鼓励浪费,不允许节约。想少花点钱,想节约,而制度上却没有办法,还需要打擦边球。所以,我们现在的改革很多方面是很困难的。

变化:我的司机在给大家开车

FW:之前单位给您配的专职司机现在去哪儿了?您说说当时刚开始"车改"的情况?

叶青:当时都说是我"辞了司机",实际上,他现在还在车队工作,只是不再当我的专职司机,而是在开公共用车了。

2003年5月前,我还是中南财经政法大学的一名教师。5月20日,我调到湖北省统计局任副局长。刚上班时,局里就给我安排好一辆车,一个专职司机。

关键是我是从高校出来的,配专职司机还真不适应。于是我草拟了个方案,向领导提出,不要专车,对自己进行"车改"。这个专职司机被重新分配到车队,负责开公共车了。

FW:随着车改的推进,类似于您的"专职司机"这样的人都会退下来,他们如何分流?

叶青:昨日发布的车改文件里面就讲得很清楚。因取消公车而失去岗位的司机和后勤人员,主要采用内部安置的方法,不能简单推向社会,可以安排转岗,提前退休,适当提高退休待遇等。还有一些是劳动力市场聘用的司机,今年开始就不再聘用了。

执行:北京的车改最容易

FW:这些年您在坐公交、挤地铁过程中,是否发现了其他坐公车的领导看不到的群众问题?

叶青:实际上,我经常去汉口坐地铁。这个过程中,我可以看到地铁挤还是不挤,地铁广告多还是少,我们社会的文明程度如何。这些我都可以清楚了解到,甚至老百姓的情绪状况,我都可以观察到。

有时在地铁上,还会被一些粉丝认出要求合照。他们会和我聊企业的状况、工作的情况、住房情况等涉及老百姓切身利益的事情。确实,如果干部都离开了公车,选择这样出行的话,就可以更加了解民情,更多和群众交流,这也是一种调研。

FW:未来车改推进难点在哪儿?

叶青:我认为,现在车改的难处主要在基层,在经济比较困难的地方。这些地方的公车补贴还要高,所以执行上还会有困难,如何做还需要继续关注。

北京的车改最容易。一方面,北京的公共交通比较发达;另一方面,北京除了部长、副部长有车,很多司长都没车,而且也比较习惯了。所以说,北京的车改还是比较好推动的。

主要还是县城、乡镇等比较偏远的地方如何去落实,还是比较有难度。所以,地方的改革,可以到明年,还有一年半的时间。

干部:不车改我们还有车坐

FW:从昨日规定出来之后,您处于什么生活状态?

叶青:从昨天下午规定出来之后到现在,太多朋友、同学、学生给我发来祝贺信息。昨天央视也对我进行了电话访谈,新华社、新浪等多家媒体也采访了我。

15号中午,我实际上就知道了"5813"的数据,但这个是保密的。所以从15日中午到现在是我人生最快乐的日子。

FW:之前报道里说,您的父亲并不同意您推动车改的行为?

叶青:我现在还没来得及打电话和他说起这事。这些年我推车改,当地很多大学同学见到我父亲都会说,感觉自己的利益受到损失。父亲和一些同学并不太同意我这种行为。但是这些对我并没有影响。

和我平级的干部,已经不止一个责问我:你能不能不要再提车改了,国家会有安排，改了就改了，不改我们还可以有车坐。但是我的回答是：我是民主党派的官员，我有我自己的理想，我可能跟你们处理的方法不一样。我希望我提的建议能够实现。

我是搞改革，就是要得罪人。凡是有车的官员我都得罪了，但是我得到了没有车的官员的支持，也得到老百姓的支持，这是最重要的。

第二节　社情民意信息转化为新闻报道扩大传播

一、胡卫：聚焦职教改革，书写"履职答卷"

对于全国政协委员胡卫而言，2022年3月7日，是他人生中一个难忘的日子，也是他十年来履职生涯中的"高光时刻"。

当天上午，在全国政协十三届五次会议开启的第二场"委员通道"上，他站在聚光灯下接受媒体采访，"大有可为的职业教育为什么想说爱你不容易？"这句略带着上海口音的话一出立刻引发网友叫好。

"职业教育要挺起脊梁，破除体制障碍是当务之急！"胡卫在建议中的观点是："职业教育既要横向融通——实现职业教育、普通教育、专业教育的横向贯通，为学生的发展搭建平台；也要纵向畅通——要打通断头路，畅通职业教育技能人才的升学渠道。"随后，这些观点被各大媒体报道转载，连胡卫自己都没有想到，这次委员通道上的发言，反响如此热烈，点击率、转载率高达10多亿人次。

"网友调侃说我有'热搜体质'，今年委员通道上这个话题的走红，对我来说是偶然，其实也是必然。"胡卫坦言，在准备发言话题时，他还准备了另外一个教育话题，但后来他坚定地选择了职业教育："因为发展职业教育，成为时代所需，呼之欲出。"胡卫说，20世纪90年代初，他去日本出差，在商店里很难找到一件像样的中国制造商品。今天我们到任何国家，看到的几乎都是中国制造。在胡卫看来，中国的崛起，需要有大国工匠，大国工匠的塑造，需要有与之相匹配的职业教育。而高质量的职业教育必须摆脱狭窄于技术和技术上狭窄的困境，既要教做人、也要教做事，既要学文化、也要学技术。

让胡卫感到兴奋的是,就在两会结束一个多月后的4月20日,在社会各界的热切期盼中,十三届全国人大常委会第三十四次会议高票表决通过了新修订的《中华人民共和国职业教育法》,并于5月1日起正式实施。这是该法自1996年颁布施行以来首次进行全面系统大修,在我国职业教育发展史上具有里程碑意义。而让胡卫更为欣喜的是,作为两届政协委员,他本人是职业教育法修订的亲历者、见证者,也是参与者、获益者。新法中对职业教育发展的修订,多处和他在委员通道上的建议高度契合。"很荣幸自己能和时代发展的脉搏共舞!"在胡卫看来,新法博采众长,反映了时代发展的潮流,凝聚着各方的心血。"习近平总书记高度重视、亲切关怀,对职业教育作出重要指示;李克强总理多次强调要共同写好职业教育这篇大文章;十一届、十二届全国人大常委会都将职业教育法修订列入立法规划;十二届、十三届全国政协持之以恒建言和推动职教法修订……"

作为恢复高考后的第一批大学生,胡卫选择了华东师范大学教育系,自此,他的一生和教育结缘。毕业后,胡卫也开启了教育理论、政策研究和实践探索之路。而作为上海中华职业教育社常务副主任,关注职业教育,为职教建言,是胡卫委员履职十年来一以贯之的焦点,基本上每年全国两会他都会提交有关职业教育的提案,包括"加强农民工职业技能培训""拓展产业人才培养渠道""警惕职业教育升学导向""完善高职扩招工作""支持行业企业举办职业院校""推进普职融合""推行'学徒制'"等,相关提案均受到相关政府部门高度重视。

为了写好提案,胡卫十分注重调查研究。近十年来,他随全国政协调研组先后赴15个省市自治区考察,并就职业教育等问题进行深入调查。每次调研后,他一般都会利用所掌握的第一手资料和数据,撰写议政建言文章,提出相应的对策建议。

让胡卫印象深刻的是,2014年4月至5月,他随全国政协原教科文卫体委员会到上海、贵州、海南等地调研职业教育,他看到很多地方热衷铺摊子、建房子,或把既有的职教资源"内卷"起来,搞封闭办学,而忽视了校企真正融合,这让他内心很不是滋味。这次调研让胡卫意识到职业教育要向产业、企业和互联网延伸，打通办学方和用人方之间的联系，重视把教学活动置于职业场景中，用真实的技术、真实的设备、真实的案例、真实的项目来开展教育，才能取得真正的实效。于是，在2014年6月3日全国政协召开的"深化产教融合、校企合作，加快现代职业教育体系建设"专题协商会上，他特别以"扩大职业院校办学自主权"为题作发言。同年11月，胡卫又随全国政协原教科文卫体委员会"现代职业教育发展"代表团赴加拿大、美国调研职业教育发展问题，他执笔撰写的调研报告报送中共中央办公厅、国务院办公厅。

为了让职业教育在脱贫攻坚中发挥应有的作用，胡卫曾先后20多次赴贵州、湖南等农村及发展落后地区调研。调研中，胡卫发现，大力发展中等职业教育，确实能够使人民掌握脱贫致富的知识和技能，增强就业能力和自我发展能力，阻断贫困的代际传递。为此，他利用自身长期在上海教育系统工作积累的资源，不仅落实了湖南省9个市县一定数量贫困学生在沪免费接受职业教育的问题，而且还促成了上海最好的职业院校与湖南五地中高职院校间的紧密合作，建立了对口精准帮扶新模式。

"全国政协委员，承载人民重托，弥足珍贵。十年来，我见证了中国职业教育一路高歌猛进，取得突破性飞跃，很是有成就感；十年政协委员的履职路，让我的很多建言资政行动推动了现实问题的解决，这是最高的褒奖。"

(原载2022年09月21日人民政协报)

二、叶开江：5年炼成百余篇高质量社情民意信息

叶开江的所有建言，均取材于现实生活，来源于身边的人和事。他提交的"小学供奶"建言，来源于小学一年级的女儿和同学，每天放学都很饿，可以补充牛奶；他提交的"规范短信收费"建言，来源于同事对银行短信收费的抱怨；他提交"医学本科改革"建言，来源于一个在读医科博士对新体制的不理解……

"写社情民意信息，要开门见山，直奔主题，提出的建议要切实可行。"在6月19日黄浦区政协召开的社情民意信息工作培训会，民进会员、上海市科技

艺术教育中心教师叶开江向与会者分享了他撰写社情民意信息的心得。

作这样的现场报告,对叶开江来说,已经不是第一次了。近 5 年来,叶开江积极履职建言,撰写社情民意信息 130 多篇,全部被民进上海市委采用,超过半数被上海市政协、中共上海市委统战部、民进中央和全国政协采用。他本人多次获得参政议政成果奖、反映社情民意信息先进个人称号。为此,一些单位也邀请他登门传授写作经验。

那么,叶开江是如何踏上这条参政建言之路的?他的上百篇高质量的社情民意信息,又是如何炼成的?记者对叶开江进行了专访。

首篇社情民意信息转化为全国两会集体提案

叶开江与社情民意信息"结缘",始于 2014 年年底。

"那天,民进格致中学支部主委马莹让我写一篇社情民意信息。"叶开江说,当时他是抱着完成任务的想法来做这件事的。

2014 年 12 月 9 日,叶开江和家人边吃晚饭,边收听广播,一则消息引起了他的关注:12 月 13 日,一些歌手将在上海 8 万人体育馆举行大型演唱会。

"12 月 13 日,不是南京大屠杀国家公祭日吗?"身为历史教师的叶开江,对这个时间点很敏感。随后,他上网一查,这一天上海还有另外 3 场演唱会。

"一些国家规定,在国耻日是不能举办大型娱乐活动的,因为在这个严肃的日子里歌舞升平,是极不和谐的。"叶开江表示,他当时有感而发,随即写下一篇《国家应立法禁止在国难日、国耻日举行大规模娱乐活动的建议》,发送给了支部主委马莹。

过了一段时间,马莹兴冲冲地找到他说:"叶老师,你写的社情民意信息已经被民进中央采用,并作为信息单篇报送全国政协。这篇信息,将转化为民进中央的集体提案,在 2015 年的全国两会上提交!"

这则消息让叶开江十分振奋。在 2015 年 3 月 30 日的民进黄浦区委扩大会上,区委主委杨燕、副主委毛爱群都鼓励叶开江再接再厉,写出更多更好的社情民意信息。自此,叶开江走上了参政议政、建言献策之路。

把撰写社情民意信息当成一种生活方式

自 2015 年 4 月初到 5 月 15 日,在短短一个半月时间里,叶开江就撰写了 10 篇社情民意信息,均被民进市委采用,其中 3 篇被市政协采用,其中有关医学本科教育学制改革的信息被报送全国政协。这一年全年,他共撰写了 20 多篇社情民意信息。

叶开江已经撰写的 130 多篇社情民意信息,内容涉及教育、交通、医疗、房地产、社会习俗、食品安全、社会治理、机关作风等各个领域。他的所有建言,均取材于现实生活,来源于身边的人和事。他提交的"妇科体检"建言,来源于他爱人和很多同事十几年都没有体检,加上近年来妇科肿瘤的发病率飙升的趋势;他提交的"规范短信收费"建言,来源于同事对银行短信收费的抱怨;他提交"医学本科改革"建言,来源于一个在读医科博士对新体制的不理解……

平时,叶开江无论走到哪里,他都会观察身边发生的问题,将琐碎的想法及时记录在随手携带的笔记本上——被他命名为"参政议政本",然后查阅相关资料,最后落笔成文。从某种程度上来说,撰写社情民意信息,已经内化为叶开江的一种生活方式和习惯,有一段时间不写,他就会感觉有事情没有完成一般。

在格致中学任教时,叶开江既是重点高中班主任、备课组长,又是带教老师,日常工作十分繁忙。他撰写的很多社情民意信息,都是利用午休等零碎时间,见缝插针、积少成多而成。"我们民主党派成员大多有自己的本职工作,所以要充分运用好空余时间来参政议政。"叶开江说。

为百姓做实事是撰写社情民意信息的出发点

叶开江撰写的社情民意信息,为何录用率非常高?这和他在写作过程中的"用心"密切相关。

叶开江非常关注国家和地方的大政方针。这些年来,他养成了读报、剪报、摘抄的习惯。他每天下班回家第一件事,就是收听广播节目。渐渐地,也就把握了撰写社情民意信息的大方向。某天,他在《青年报》上看到党的群团工作会议的消息,随即撰写了《建议根据党的群团工作会议精神,改革中学生入团工作》,这篇信息先后被市统战、市政协、民进中央和全国政协采用,并收到团市委书面答复。

叶开江注重深入调研。他提交的每篇信息,都经过调研,方才落笔成文。为了得到一手资料,他拿着手机到各个路口,按秒表精确计算时间,从而写出了《应减少红灯等待时间以降低交通事故发生率》;为了全面了解和掌握全国各地小学的作业情况,他向全国各地的亲友、同行了解情况,撰写了《应警惕中小学生课业负担由"线下"转到"线上"的趋势》;在发现女儿的教学课本尺寸较大之后,他特意将课本拿到学校物理实验室"称重",于是,他呼吁中小学教材的尺寸和重量要统一标准。

叶开江坚持"内行人说内行话",他提交的一半信息,都和他从事的专业——基础教育有关。如果是涉及跨领域的内容,他就会向业内人士虚心请教,最后合力成文。

"为社会、为百姓做点实实在在的事,是我不断撰写社情民意信息的出发点,感谢党派为我提供了这样一个参政议政的平台。"叶开江表示,自己今后仍会为此笔耕不辍。

(原载 2019 年 8 月 23 日联合时报)

三、蔡述明:社会需要的任何专业都是国家需要的

蔡述明先生是全国政协原委员、湖北省政协原副主席、民进中央原常委、民进湖北省委会原主委,著名自然地理学家、湿地生态学家,中国科学院精密测量科学与技术创新研究院研究员,于 2020 年 9 月 22 日 21 时 30 分在武汉逝世,享年 83 岁。

蔡先生 1938 年 3 月 22 日生于广东省潮州市。蔡先生是研究湿地保护的专家,应该是最冷门的学科,是一门冷学。

但是,他的科研成果与参政议政结合后产生良好的效果,先后有以下

影响：

首先是主持民进中央的长江课题。1997年，对长江防洪体系问题进行的调研和探索，拉开了民进中央长期关注长江流域资源环境问题的序幕。1998年3月，在全国政协九届一次会议上，民进中央提交了题为《关于建立江汉、洞庭湖平原防洪体系的建议》的大会发言。

2006年，民进中央整合会内资源，联合沿江分布的上海、江苏、安徽、江西、湖北、湖南、四川和重庆八个民进省、市委员会，共同组成了中央主导协调、地方牵头组织，上下联动、相互协作的课题专家组，就"长江流域水环境安全与保障"课题开展联合调研，并在2007年全国政协大会期间提出了《加强沿江重化工产业规划布局，切实保障长江流域水环境安全》的党派提案，引起很大社会反响，环保局、发改委、科技部、水利部和中组部共同办案，全国政协就此问题组织专题调研。2016年以来获得整治。

其次是2002年提出有关湿地保护和湿地立法的建议，受到了有关部门的高度重视，促使中央领导重视湿地生态建设，并写进政府工作报告。森林是地球之肺，湿地是地球之肾，深入人心。

第三是2004年提交了《关于优化洪湖管理、保护湿地资源的建议》，受到中共湖北省委的高度重视，省委、省政府在洪湖召开了加强洪湖生态保护办公会，极大地推动了洪湖湿地保护和合理利用；湖北省政府拨款9 000万元启动"洪湖生态修复工程"，30万亩拦湖养鱼塘已退出10万余亩，2 000多户渔民上岸安居乐业。

第四是2006年继续呼吁梁子湖、神农架大九湖高山湿地的保护。2006年提交了《关于保护、恢复和科学利用神农架大九湖湿地资源的提案》，被列为省政协1号建议案，省委、省政府在神农架大九湖召开现场办公会，迅速推动了神农架大九湖国家湿地公园的创建。

2013年，神农架林区对大九湖镇实行整体生态移民搬迁。7年间，460余户1 400余名居民陆续搬迁到20公里外的坪阡古镇，从事旅游服务相关行业。2019年，该镇接待游客60余万人，实现旅游综合收入1.81亿元。

第五是获得国际湿地科学研究最高奖——2005年11月，获得《湿地公约》组织颁发的"拉姆萨尔湿地保护奖"——湿地保护科学大奖,由139个签约国投票决定,并捐出奖金,建立湖北省湿地保护研究基金。

四、沈毅:专业研究出色,参政议政就能够游刃有余

2015年7月31日,民进湖北省委会接中共湖北省委统战部通知,中国地质大学(武汉)材料与化学学院副教授沈毅撰写的《建议高度警惕我国石墨产业存在的问题》一文,被中央统战部《零讯》专刊采用,获中央有关领导同志批示,国家商务部据此进行了专题调研并形成书面报告呈送国家领导人。中央统战部办公厅专门发文请省委统战部代为反馈。

2015年8月6日,省委统战部秘书长杨声驰专程赴中国地质大学向沈毅同志反馈情况,并高度评价沈毅的建议。

沈毅是2010年入会的一名年轻会员,在地质大学从事稀土、石墨产业的研究工作,长期关注我国稀土产业发展规划。

长期以来,国内石墨产业矿产资源资料落后,生产品级划分不严,浪费严重,基本上处于采选和初加工阶段,技术严重落后,产品绝大部分为普通中高碳矿产品,美、日等发达国家将天然石墨作为战略资源,利用我国的廉价原料,深加工成能够在电子、能源、环保、国防等领域应用的先进石墨材料,以极高的价格占领国际市场并返销我国。

沈毅建议:

首先,应加快整治我国石墨开采乱象,提高资源利用率,力争高效、有序地对石墨进行保护性开采。一方面加强对优质石墨资源勘查开发的有效监管;另一方面提升行业集中度,提高国家对优质资源的掌控力度,增强我国在石墨产业链的话语权。

其次,应限制石墨出口,尤其是高品质石墨出口,应加强对石墨资源进行必要的战略储备,包括石墨产品储备、产能储备和优质矿产地储备。严格控制初级产品的出口,这不仅可以平抑石墨价格的大幅波动,而且可以进一步提升石墨资源的战略性应用,增强对国际市场的掌控能力。

最后,应集中力量、创造条件加大国家石墨高附加值产品的研发力度,力争由石墨资源出口大国转型为石墨技术出口大国。

2017年,沈毅受国家工信部、商务部,以及石墨战略联盟邀请,在中国石墨产业技术创新战略联盟大会针对石墨全产业链进行主旨发言,大家一起商讨对策。2019年,工信部公布《石墨行业规范条件》征求意见稿,规范了石墨行业的发展。沈毅在这一领域的工作,引起了社会对石墨资源规范开发利用的关注和重视,《参考消息》《中国日报》中文网、中国高校网等主流媒体纷纷刊文分析报道。

2020年,沈毅《关于建立国家性防控生物性呼吸道传染病医护物资战略储备库的建议》等十余篇事关疫情防控大局的建议,以及《切实解决企业实际困难,推动企业复工模式开启》等疫情后期恢复生产的建议,许多内容都与省、市疫情防控中的政策和具体措施不谋而合。2020年8月,沈毅被民进湖北省委会授予"抗疫先锋"称号。

第三节　社情民意信息转化为
　　　　　评论作品媒体发表

一、社情民意信息作者参与媒体活动，发表个人建议

2022年3月全国两会期间，全国政协委员倪闽景因为疫情原因，所在的小区被封控管理14天。无法赴京参加全国两会。但他在家努力"参会"，并且在网上通过与媒体互动，发表个人建议。《没去北京的委员》是《新民晚报》记者对他的采访。

没去北京的委员

昨天的朋友圈里，看到有人转发全国政协委员、上海市教委副主任倪闽景关于防治青少年近视的采访问答，不由一愣：倪委员不是没有赴京参会吗？

留言问发圈的同行，回答是"确实没去，但不影响提交提案和在线交流"。原来如此！疑惑解开，对全国政协委员参政履职的热情更加感佩。

据了解，3月3日上午，在沪全国政协委员登机赴京参会前一刻，倪闽景委员在委员微信群里发了一则消息："各位亲爱的委员，因为疫情原因，我所在的小区被封控管理14天。无法和大家一起赴京参加全国两会。我争取在家努力'参会'，学习大家的真知灼见。预祝大会成功圆满！十分想念大家……"

不能进京参会，确实遗憾，但倪闽景并没有放下履职的责任。居家隔离，反而让他有更多时间打磨手头的提案。他今年准备了8份提案。"虽然人不能去，线上依然可以提交。"这8份提案，不少来自他作为教育界人

士的思考。比如关注加强高校毕业生就业工作力量，转变大学生就业工作思路，比如建议国家级教学成果奖中设立终身教育大类，还有建议把青少年近视率纳入基础教育质量发展的核心指标等等。除此之外，他对延迟退休政策背景下如何完善积极老龄化法规也十分关注。

倪闽景也表示，他会准时收看全国两会直播，认真聆听大会。也很愿意远程接受记者采访，和大家分享自己的履职体会与思考。

这次两会，因疫情缺席的委员有不少。昨天，全国政协委员、复旦大学上海医学院副院长朱同玉拍摄的现场视频中就提到，5位医药卫生界委员因参与香港抗疫而未能参会，与会政协委员共同为他们加油助威。

这些动人细节，都让人对委员身份有了更深认识。这不仅是一份荣誉，更是一种担当：既能扛起政治责任，建言献策；也能凭借专业能力，实干兴邦。这也是我国政治协商制度的优越性之所在。

（原载 2022 年 3 月 5 日新民晚报）

二、社情民意信息稿件可以转化为媒体稿件刊登发表

这里举一个实例，说明社情民意信息被媒体发现，经过适当加工，处理成新闻评论在媒体发表。这篇《上海应建一座报业博物馆》最初是一篇社情民意信息稿件，报送上级单位后有承办意见。这个信息被《天天新报》编辑获知，便找来稿件，经过编辑加工之后在报纸评论版上刊登发表了。

报纸发表之后，报社网站随之发布，当天即被三百多家网站转载，其中，中国报业协会的官方网站"中国报协网"转载后，点击超过 100 万次，扩大了《上海应建一座报业博物馆》的影响，也推动了有关单位的承办效率。

据作者回忆，《天天新报》刊登稿件当天上午，虹口区多伦路文化街上，有位老先生看了这篇文章，抑制不住激动，找到时任民进上海市委副秘书长兼参政议政部干建达部长，希望通过民进市委联系作者，说有许多想法要沟通，并且透露了民间还有许多流散的实物。

这篇文章的前身是作者提交民进上海市委的社情民意信息。后来获

悉,在同一时期,收到多件类似建议,除了《上海应建一座报业博物馆》中所希望建报业博物馆外,上海新闻界的老领导贾树枚、吴谷平等也提出要建新闻博物馆的建议,民进上海市委副主委李名慈等也建议要建出版博物馆。据说,经综合考虑,拟筹建新闻出版博物馆。

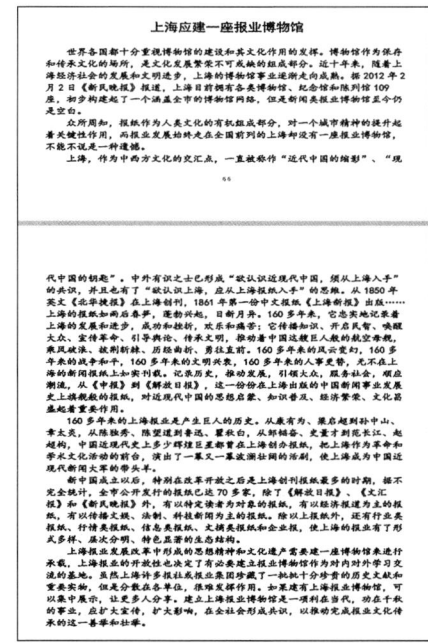

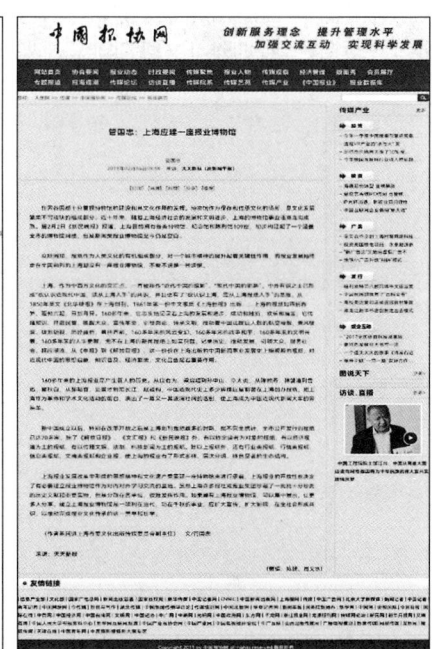

上图中,左为社情民意信息稿件,右为媒体刊登发表的稿件。

下页图左为作者提交的社情民意信息,题目为《呼唤"中国梦"式影视作品》,开门见山地指出,当抗日神剧娱乐化、搞笑化备受国人指责、厌弃之时,笔锋一转说:"中国梦"式的励志现实影片和电视剧正在受到观众的关注。写到这里,又用了一组数据写道:据悉近一个月里,《中国合伙人》累计票房正在冲 4 亿元,《致青春》累计票房破 7 亿元。作者得出结论认为:广大青年观众口口相传,赞誉鹊起,说明国内观众已经从娱乐化、平庸化中清醒地回归现实,影视艺术工作者更应该冷静地看到,这个时代正在呼唤"中国梦"式的励志的现实题材影视作品,而且以巨大热忱和责任感推动民族的文化产业跨越前进。

大约半个月后，这篇社情民意信息稿件经《文汇报》编辑处理，以《呼唤"中国梦"式励志影视作品》为题，发表在评论专栏（上图右）。

上述两例是社情民意信息稿件通过"组织传播"与媒体加工处理之后，成为可发表稿件。社情民意信息稿件在大众传媒进一步推动下，放大了公众关注的话题，取得了非常良好的传播效果。

第四节　媒体报道社情民意信息　　　　　应该实事求是

各级政协委员、各民主党派成员围绕国家大政方针,针对群众关心的实际问题,上报社情民意信息、提交提案建言,是履行政治协商、民主监督、参政议政职能的重要方式,也是社会舆情汇聚和分析机制的重要组成部分。新闻传播媒介应该本着实事求是的精神,组织宣传,全力报道。

在报道社情民意信息和提案建言时,一定要反映真实的内容。防止出现两种情况:一种情况,是在对社情民意信息和提案建言的内容提炼时,刻意进行"加工""提升";另一情况,则是对社情民意信息和提案建言的内容,进行任意夸大、刻意转移,歪曲原意,误导舆论。

这两种情况都有发生,而且"歪曲原意,误导舆论"的情况更为突出。试举例如下:

政协委员建议留学生回国读高职高专?
媒体:标题党害死人

2020年5月25日夜里,一则来自全国政协委员、上海市教委副主任倪闽景的提案在网上火了。

> 全国政协委员倪闽景:因疫情归国留学生可入学高职高专

新闻标题是:"全国政协委员倪闽景:因疫情归国留学生可入学高职高专"。

乍一看标题,这意思仿佛是说,如果留学生受疫情影响无法在海外完成学业,政协委员建议其回国后进入高职高专就读。

这下可炸了锅。调侃的有,嘲讽的有。有人直言,政协委员大概瞧不起留学生,认为他们只是在外面混文凭。否则,怎么会建议他们回国后去读高职高专呢?

还有人开起了玩笑:我在宾夕法尼亚大学就读,回国后能进蓝翔技校吗?

上述案例,又一次告诫人们,新闻报道必须以事实为依据。

2020年5月26日的《科技日报》刊文指出,倪闽景提案的本意,是想解决境外高校留学生转学回国问题。因为疫情,一些家长希望孩子能够回国继续学业;未来,可能也会出现留学生受客观因素影响需要回国的情况。而且,在每年出国留学的几十万人中,确实有一部分留学生无法适应国外学习和生活,希望能回国完成学业。

倪闽景的完整提案,提出的建议不止一条。

第一条是引起巨大争议的"入学高职高专"。具体来说,是全面开放高职高专学校。高年级留学生可降一年级直接入学,进入相关专业。未满1年的归国留学生,可以通过高职高专扩招计划,解决继续学习的问题。

第二条,是转入本科高校,可启用插班生考试政策。每个学期开学前,在不同年级设定大专业组插班生考试,通过插班生考试的学生可以进入普通高校试读,一年后成绩正常,可以转为正式学生。

第三条,是建立国外高校学业成绩转换机制。按照国际通用规则,把在国外已经完成的学分部分认可,纳入转入学校的学分当中。

大多数人扫了一眼新闻标题就开启了吐槽模式。无论这份提案有关部门是否采纳,它都不是"脑洞大开",不尊重实际情况;也不是哗众取宠,故意贬低留学生。高等教育本身就包括高职(专科)院校,提案从高职高专写起,只是提供了一种选择的可能性而已。

因疫情归国的留学生想在国内继续学业,是个真问题,也确实是部分人民群众牵挂的问题。入学高职高专和插班本科学校,有一定创新性和可操作性,也是个实在的方案。对每一份提案或建议,公众都可以表达自己的想法:可以举双手同意,可以觉得有待商榷,甚至可以强烈反对。但是,良性讨论的前提,是大家都有读完一份完整提案的耐心。

马克思主义世界观认为,世界是物质的,客观的物质存在决定主观的思想意识。这一基本观点体现在新闻传播活动中,就是要求新闻报道要坚持实事求是,一切从实际出发,把客观事实作为新闻的本源,真正做到依据现实生活,依据物质存在,依据客观事实来反映和报道新闻。

新闻报道必须贴近实际,贴近生活,贴近群众,搞好调查研究。有事实才能做报道,没有事实就不能写报道;有什么样的事实报道什么样的新闻,按事物的本来面目进行描述;已经发生和正在发生的事实才能成为新闻报道的对象,尚未变为现实的猜测和设想不能成为新闻报道的对象。

新闻的本源是事实,事实是产生新闻的根源,是构成新闻的根本因素。有了事实的发生、变动,才有新闻;没有事实,就没有新闻。新闻是通过真实地报道事实来完成自己使命的。

与事实相比,新闻是派生的。事实在先,新闻在后。事实是第一性的,新闻是第二性的。明确这一理论认识,正确处理新闻报道中事实和思想观点之间的关系,是对新闻工作者的一项基本要求。新闻工作者必须对事实采取老老实实的态度,尊重客观事实。

如果在思想认识上颠倒了事实与新闻的关系,只为自己追求报道所谓"独家新闻"、轰动效应,而不顾事实,就会导致新闻报道的主观主义倾向,为歪曲事实、误导受众、制造假新闻提供依据。

为保证新闻的全面客观,现行《中国新闻工作者职业道德准则》要求报道新闻不夸大、不缩小、不歪曲事实,不摆布采访报道对象,禁止虚构或制造新闻。刊播新闻报道要署作者的真名。虽然新闻职业道德准则的颁发,使得大多数新闻工作者能如实规范报道新闻,但还是有些媒体刊播低级违规作品。

在新闻实践中,全面客观意味着新闻记者要学会全面地看问题,既报成绩,又报不足;既讲经验,又讲问题;既有表扬,又有批评;既注意局部,又通观全局。要防止主观性、片面性、绝对化,努力做到透过现象看本质,不为事物的表面假象所迷惑。必须深入实际,去伪存真,去粗取精,反映事物的本来面目,决不能道听途说、捕风捉影、闻风立论,更不能翻云覆雨、看风使舵,甚至进行"合理想象",人为拔高主题、强扭角度,搞艺术加工。不能一味追求文采,随便用上不必要、不恰当的形容词。写表扬稿不能过度美化,写批评稿不能讽刺挖苦,表扬和批评都要以事实为依据,经过认真核对,并对报道中的全部事实负责。记者不应当扮演新闻事件中的角色,不能从中立的观察者变为当事人,不应当成为新闻事件的决定性力量并干涉事件的发展和进程,更不能故意引诱采访对象上当受骗、违法犯罪。总之,记者的角色是一个观察者、记录者、思考者,而非事件的制造者、当事人。

写 在 最 后

不得不说，倪闽景先生是位创意高人、创新大师，在一次闲聊之后，使我脑洞大开，于是形成了《社情民意信息写作与传播》。

有一次，在聚焦社情民意信息话题时，倪闽景先生说，应该出一本怎么写社情民意信息的实用书，因为随着全过程人民民主建设的推进，广泛征集社情民意信息当是题中应有之意。但是，如何写社情民意信息，写什么社情民意信息，写好的社情民意信息通过怎样的渠道上报，这一系列的问题，其实是一个需求非常大的话题，应该有答案。如果只靠几个在写、会写、愿意写的作者作几次讲座，谈一些体会，显然缺乏普适性，必须有一个通俗易懂读本，有基础理论、有案例分析、有范文参照，让大家自学。社情民意信息工作，是2021年民进中央主抓的一项重要工作，更应该有一个成果性的展示。

听了倪闽景先生这番话，我加紧整理电脑中那些沉睡有年的文件，发现近十年中曾经从五个方面作过有关社情民意信息写作的专题讲座，虽然有些案例陈旧，但基本形成了一个可编写出一个通俗读本的架构。于是，理出一个提纲，粗粗地写了几个专题，形成基本结构。这一切所为，都源于倪闽景先生的提议。

在此基础上，我开始征询邓伟志、胡卫、倪闽景和湖北叶青的意见。很快收到了他们鼓励我继续做好这件事情的信息。

八十五岁高龄的邓伟志老先生，不顾年迈体弱，于10月12日连夜写了一篇有关民情的大作，13日凌晨发到了我的邮箱；叶青先生把他一些重要的社情民意信息稿件和参政议政成果打包发给了我，其中还包含了湖北民进会员的部分重要内容；嵇开明在当天下班后发来一个文件包，全部是近年来的社情民意信息稿件；叶开江也发来了文件；胡卫先生和倪闽景先生都从各自角度予以具体指导。他们无私的精神和激励的话语，成了促使我加速编写书稿的动力。

有了这样的基础，我走访了民进上海市委会参政议政部，寻求进一步帮助，季国进二级巡视员和康琳副部长根据我的需求，给予了全方位支持，并就相关要求作了讲解。关键时候，组织就是依托。

一周之后，我把部分稿件约十万字再次发给部分专家提意见。又经几轮修改之后，将稿件发给民进上海市委会参政议政部老部长、引我写作社情民意信息稿件入门的干建达先生，向他征询意见。数日后，干部长在微信中给予了具体指导。

我虽然也写过不少社情民意信息，但肯定地说，不是这方面的行家里手。因为热爱民进组织，所以我有义务结合自身从事新闻传播工作和教学实践活动，梳理归纳社情民意信息写作的基本规律，并以此为发展全过程人民民主建设，特别是推动社情民意信息工作的发展，做一些自己还可以做的事情。

在此，我衷心感谢所有提供案例稿件的作者，同时还要感谢上海建桥学院党委统战部和新闻传播学院领导和老师，谢谢他们在我编写这部书稿过程中给予的帮助和支持。

专门研究社情民意信息的写作和传播问题，是一项开拓性的工作。因学识所限，书中一定有不少不足，甚至错误，诚恳希望领导、专家、学者和广大读者批评指正。

管国忠

2022 年 11 月 9 日于滴水湖畔

上海建桥学院新闻传播学院